Karin Heiermann
Von der Cola-Stadt zur Collins Avenue

AF139337

Karin Heiermann

Von der Cola-Stadt
zur Collins Avenue

Der Süden der USA
- von Atlanta nach Florida -

Herstellung und Verlag:
BoD - Books on Demand GmbH, Norderstedt

Satz, Layout und Umschlaggestaltung:
Karin Heiermann, Dortmund

ISBN: 9783738645743

Die Deutsche Nationalbibliothek verzeichnet diese Publika-
tion in der Deutschen Nationalbibliografie;
detaillierte bibliografische Daten sind im Internet über
http://dnb.d-nb.de abrufbar

Karin Heiermann

Von der Cola-Stadt zur Collins Avenue

Der Süden der USA
- von Atlanta nach Florida -

Herzlichen Dank an Heike, Jürgen, Sabine und Erik für euren erneuten großen Anteil am Gelingen dieser Reise und somit an der Entstehung dieses Buches.

Ferner danke ich ganz herzlich allen Autoren bei „Wikipedia", allen Herstellern von Straßenkarten und Stadtplänen sowie allen Herausgebern von Info-Flyern über die von uns besuchten Städte und Sehenswürdigkeiten. Sie alle haben mir das Verfassen dieses Buches angesichts des langen zeitlichen Abstands zur Durchführung der Reise extrem erleichtert.

Wieder ist die Vorfreude groß!

Zwei Jahre sind seit unserer letzten USA-Reise vergangen, so dass wir es jetzt, im Juli 2004, kaum erwarten können, erneut ins Land der unbegrenzten Möglichkeiten aufzubrechen.

Nachdem bereits die vorherige Reise an die Ostküste und nach Florida führte, was ich in „Von Manhattan zu den Manatees" dem geneigten Leser nahe zu bringen versucht habe, kehren wir in dieses „Zielgebiet" zurück.

Da uns für diese Reise jedoch fast vier Wochen Urlaubszeit zur Verfügung stehen, wollen wir insbesondere die Südstaaten der USA (besser) kennen lernen.

Die Rundreise beginnen wir in Atlanta, weitere Stationen sind u.a. Savannah, Charleston, die Great Smoky Mountains, Nashville, Memphis, Natchez und New Orleans.

In Florida stehen unter anderem Tallahassee, Tampa, Naples, die Everglades, Key Largo und Key West auf unserem Programm. Letzte Station ist schließlich Miami, von dort wird uns der Flieger zurück in die Heimat bringen.

Dass wir die beiden Stationen Key West und Key Largo nie erreichen werden - daran wird ein gewisser Charley die Schuld tragen... doch das wissen wir zu Beginn der Reise noch nicht.

Dennoch sollte es erneut eine Reise mit vielen unvergesslichen Erlebnissen und Eindrücken werden, die ich hier, wenn auch mit dem Abstand von einigen Jahren, versuche zu schildern, um so den einen oder anderen Leser zu animieren, es uns nachzutun und ebenfalls ins Land der noch immer (fast) unbegrenzten Möglichkeiten aufzubrechen.

Die Anreise mit dem Mietwagen zum Frankfurter Flughafen, der Transatlantikflug, die Einreiseprozedur am Atlanta Airport und selbst die Übernahme unseres Mietwagens, eines schneeweißen Vans Pontiac Montana - all dies hat hervorragend funktioniert. Selbst die beiden Raucher in unserer auf dieser Reise fünfköpfigen Gruppe haben die lange nikotinlose Zeit unbeschadet überstanden.

Nun sitzen wir zur Nachmittagszeit, zwar etwas müde, aber entspannt und voller Vorfreude auf die kommende Reise, im Auto und fahren hinein nach Downtown Atlanta, wo unser Hotel, das Super 8 Motel & Conference Center in der Cone Street NW 111 auf uns wartet.

Das Erscheinungsbild des heutigen Atlanta hat selbstverständlich nicht mehr viel mit der Stadt aus der Zeit des Sezessionskriegs, der Stadt von Scarlett O'Hara und Rhett Butler, gemeinsam. Einer der Gründe dafür ist nicht zuletzt die Tatsache, dass die Unionstruppen unter General Sherman die Stadt am 11. November 1864 in Brand setzten. Dabei wurden fast 90% der Häuser zerstört. Doch die Bewohner bauten sie schon bald wieder auf und im Jahre 1868 wurde Atlanta zur Hauptstadt des Staates Georgia ausgerufen.

Diesem Wiederaufbau nach dem Bürgerkrieg hat Atlanta auch sein Stadtwappen zu verdanken, in dessen Mittelpunkt der aus der Asche wiederauferstehende Phönix steht.

Am 21. Mai 1917 brach ebenfalls ein Brand in der Stadt aus, der sich extrem schnell ausbreitete. Am Ende waren fast 2.000 Gebäude, zumeist Holzhäuser, auf einer Fläche von 73 Häuserblocks zerstört und nahezu 10.000 Menschen obdachlos. Doch das einzige Todesopfer war eine Person, die beim Anblick ihres zerstörten Hauses einen Herzinfarkt erlitt und starb.

Das moderne Zentrum der Stadt ist heute, genau wie in vielen anderen amerikanischen Großstädten, von Hochhäusern, glitzernden Glasfassaden und mehrspurigen Highways geprägt. Weltbekannte Unternehmen wie Coca-Cola, UPS, CNN sowie die Fluggesellschaft Delta Airlines haben hier ihren Firmensitz. Letzteres ist sicherlich der Tatsache geschuldet, dass der Hartsfield-Jackson International Airport in Atlanta der Flughafen mit dem höchsten Passagieraufkommen weltweit ist.

Das Wetter macht an diesem Nachmittag der subtropischen Lage der Stadt - Atlanta liegt auf der geographischen Breite von Nordafrika - alle Ehre. Es ist heiß, die Sonne brennt vom Himmel, daher gönnen wir uns nach der Ankunft im Hotel und dem Bezug unserer Zimmer zunächst eine erfrischende Dusche. Anschließend begeben wir uns auf einen ersten Erkundungsgang der näheren Umgebung. Unsere Schritte führen uns geradewegs zum nahe gelegenen Centennial Olympic Park.

Dieser 85.000 m² große öffentliche Park wurde im Rahmen der städtischen Baumaßnahmen im Vorfeld der Olympischen Spiele, die 1996 in Atlanta stattfanden, auf einem Gelände errichtet, auf dem zuvor alte Wohn-, Büro- und Geschäftshäuser ungenutzt dem Verfall preisgegeben waren. Während der Olympischen Spiele war der Park ein beliebter Treffpunkt; es fanden Konzerte, Shows und andere Veranstaltungen statt. Zudem diente er als Kulisse für die Zeremonien zur Überreichung der Medaillen an die Olympiasieger.

Die Fröhlichkeit in dem Park fand damals ein jähes Ende, als ein Attentäter während der Olympischen Spiele dort eine Bombe zündete, die zwei Menschen tötete und mehr als 100 Verletzte forderte.

Während unseres Spaziergangs durch den weitläufigen Park laufen wir immer wieder über große Wegbereiche, die aus unzähligen gravierten Ziegeln bestehen. Mit diesen Ziegeln wurde seinerzeit ein großer Teil des Parks finanziert; Sponsoren konnten einen oder auch mehrere Ziegel kaufen und jeweils einen Text ihrer Wahl eingravieren lassen, zumeist persönliche Widmungen oder Daten.

Neugierig lesen wir die Texte, doch das hat schon nach kurzer Zeit zur Folge, dass uns bei der Hitze von dem Gehen mit gesenktem Kopf regelrecht schwindlig wird. Also ziehen wir es vor, uns auf eine der vielen Parkbänke zu setzen und dem Treiben der anderen Spaziergänger zuzuschauen.

Der Park ist umgeben von einigen Gebäuden, die in Atlanta als Landmarken gelten: das CNN-Gebäude, das Georgia World Congress Centre, der Georgia Dome und die Philips Arena - alle an der Westseite des Parks - sowie an der nördlichen Seite das Georgia Aquarium und natürlich „The World of Coca-Cola", die große Erlebniswelt des Getränkekonzerns, die auch ein Museum beinhaltet.

Einigermaßen erholt brechen wir nach einiger Zeit auf, um noch mehr von der Stadt zu erkunden.

In der Peachtree Street finden wir uns kurz darauf inmitten eines bunten Marktes wieder; zahlreiche Verkaufs- und Imbissstände sind am Straßenrand aufgebaut.

Markt in der Peachtree Street

Aus allen Ecken dringen die unterschiedlichsten Melodien an unsere Ohren - und die exotischsten Gerüche in unsere Nasen.

Natürlich lassen wir die Gelegenheit zum ausgiebigen Stöbern in dem vielfältigen Angebot nicht ungenutzt - und schon bald ist das erste Souvenir der Reise erstanden: ein T-Shirt.

Wir spazieren weiter zwischen den Ständen hin und her, doch irgendwann macht es sich bemerkbar, dass wir inzwischen seit mehr als 24 Stunden auf den Beinen sind. Auf dem Weg zurück zum Hotel legen wir in einem Fast-Food-Restaurant noch einen kurzen Zwischenstopp ein; danach dauert es nicht mehr lange, bis wir ermattet in unseren Betten liegen.

Die Tatsache, dass wir von Atlanta in dieser kurzen Zeit nicht allzu viel gesehen haben, stört unseren Schlaf nicht, denn wir wissen, unser Weg wird uns im weiteren Verlauf der Reise wieder hierher zurückführen. Wir haben nämlich zwei Rundreisen miteinander kombiniert: Zunächst von Atlanta durch die Südstaaten und wieder zurück zum Ausgangspunkt, dann von dort durch Florida bis Key West.

Nach kurzem aber erholsamem Schlaf und einer erfrischenden Dusche steht am nächsten Morgen zunächst natürlich das Frühstück an. In der Lobby des Hotels befindet sich über der Rezeption eine große Empore, hier ist das Frühstücksbuffet aufgebaut und wir finden auch einen freien Tisch, an dem wir es uns gemütlich machen.

Das Frühstück entspricht dem Geschmack der Amerikaner, d.h. viele warme und kalorienreiche Speisen sind im Angebot.

Der Clou des Buffets ist das Waffeleisen, mit dem sich die Gäste ihre Waffeln selbst backen können. Der Teig steht exakt portioniert in Plastikbechern bereit, er wird ins Eisen gefüllt, dies wird geschlossen, nach kurzer Zeit gedreht und schon ist die perfekte Frühstückswaffel fertig.

Meine Mitreisenden sind begeistert und lassen es sich schmecken, doch ich genieße lieber Toast mit Marmelade, da ich zu Hause eigentlich gar nicht frühstücke. Sogar der Kaffee ist genießbar, so dass der Start in diesen Tag rundum gelungen ist.

Bald darauf machen wir uns auf die Reise. Unser erstes Tagesziel liegt knapp 80 Meilen (ca. 129 km) südlich von Atlanta und über die I-75 S nehmen wir Kurs auf die Stadt Macon, die wir nach gut zwei Stunden Fahrt und zwei Raucherpausen erreichen.

Macon ist der Hauptort des Bibb County, wurde 1823 gegründet und nach Nathaniel Macon benannt, wohl ein verdienstvoller Bürger der Stadt und von 1791 bis 1828 US-Kongressabgeordneter. Heute hat Macon ungefähr 100.000 Einwohner und einer der berühmtesten Söhne ist sicher Little Richard, der Rockmusiker.

Die Stadt lebt überwiegend von Textilindustrie, Porzellanverarbeitung und der Herstellung von Ausrüstungsteilen für die Luftfahrt. Südlich von Macon befindet sich zudem ein großer Luftwaffenstützpunkt.

Touristisch interessant sind in Macon zahlreiche gut erhaltene Häuser aus der Zeit des amerikanischen Bürgerkriegs sowie das Ocmulgee National Monument, ein großes Gebiet außerhalb der Stadt, wo indianische Ureinwohner vor langer Zeit Erdhütten und -wälle anlegten.

Wir parken unseren Wagen relativ zentral unterhalb einer Kirche und machen uns auf zu einem Rundgang durch die Stadt. Abgesehen vom Stadtzentrum mit einigen wenigen Hochhäusern macht Macon auf uns den Eindruck eines leicht verschlafenen Provinzstädtchens, dem die Häuser im typischen Südstaatenstil einen gewissen Charme verleihen.

Es finden sich noch sehr viele gut erhaltene so genannte Antebellum-Häuser (Vorkriegs-Häuser) in der Stadt, denn im Bürgerkrieg ist Macon verschont geblieben. Lediglich ein einziges Gebäude, das 1853 im griechischen Stil erbaute Cannonball House, wurde, wie der heutige Name andeutet, im Jahre 1864 von einer Kanonenkugel getroffen und beschädigt.

Es wurde aber schon kurz danach wieder restauriert; heute steht es unter Denkmalschutz und beherbergt ein Museum, u.a. mit Sammlungen zum Bürgerkrieg.

Das Cannonball House in Macon

Da das Wetter phantastisch ist, verzichten wir auf einen Besuch dieses Museums. Stattdessen streifen wir weiter durch die Stadt, lassen die Südstaaten-Atmosphäre auf uns wirken - und sorgen mit einigen kleineren Einkäufen für die Ankurbelung der örtlichen Wirtschaft.

Bald darauf verlassen wir Macon mit dem Auto und fahren in östlicher Richtung. zum Ocmulgee National Monument.

Dieses Gebiet, ein Hochplateau namens Macon Ridge, wurde 1936 per Erlass von Präsident Franklin D. Roosevelt zum Nationalpark erklärt. Zuvor hatten Archäologen bei Ausgrabungen zahlreiche Funde gemacht, die belegten,

13

dass hier bereits vor mehr als 10.000 Jahren Menschen siedelten. Es wurden u.a. Tonscherben gefunden, die die Wissenschaftler auf die Zeit um 2500 vor Christus datierten. Einige dieser Fundstücke werden uns bereits in gut gesicherten Vitrinen auf dem Parkplatz präsentiert.

Um das Jahr 1700 herum siedelten hier Muskogee- oder Creek-Indianer und britische Indianerhändler, die einen mit Palisaden bewehrten Handelsstützpunkt errichteten.

Ocmulgee National Monument

Die ältesten der überall auf dem weitläufigen Gelände zu findenden Erdhütten und aufgeschütteten Erdwälle sind jüngeren Datums und wurden ca. zwischen 900 und 1150 nach Christus errichtet. Auf Grund der Fundstücke vermutet man, dass sich hier Ureinwohner aus dem Mississippi-Gebiet angesiedelt haben. Die insgesamt fast 900 Erdhütten dienten den Bewohnern zum Wohnen, aber auch als Tempel, Versammlungsräume und Begräbnisstätten.

Der größte Hügel - der Temple Mound - ist knapp 17 Meter hoch und hat eine Grundfläche von 91,5 m x 82,3 m.

Im Visitor Center verschaffen wir uns zunächst einen Überblick über diesen Nationalpark, der nicht nur in geschichtlicher sondern auch in naturwissenschaftlicher Hinsicht viel zu bieten hat. Da das riesige Gelände sowohl Wälder, Grasflächen, Sümpfe und Sandgebiete umfasst, haben hier zahlreiche Säugetierarten, vom Bären bis zum Stinktier, eine Heimat. Unzählige Vogelarten bevölkern den Luftraum, zahlreiche Fischarten tummeln sich in Seen, Flüssen und Bächen.

Wir erfahren viel über die Anlage. Die meisten der mounds (Erdhügel) gelten als Temple Mounds. Man vermutet, dass auf der Plattform auf den Hügeln jeweils eine Hütte stand, worin Rituale abgehalten wurden. Ferner nimmt man an, dass die mounds nicht zu einer koordinierten Anlage gehörten, sondern nacheinander errichtet wurden; hierfür spräche auch deren Abstand von mehreren hundert Metern untereinander.

Nach der Stadtluft in Macon freuen wir uns auf den Aufenthalt in der Natur und erkunden das Gelände. Auf einigen Erdwällen wurden Plattformen errichtet, von denen man sich einen hervorragenden Überblick verschaffen kann.

Einige der Erdhütten sind zugänglich, doch wir müssen uns schon sehr tief beugen, um hineinzugelangen. Die Kühle im Inneren ist angenehm, doch gleichzeitig ist die dunkle Enge auch bedrückend.

Natürlich besichtigen wir auch die so genannte Earth Lodge, eine rekonstruierte Rundhütte mit 13 m Innendurchmesser, die bis auf einen langen schmalen Eingang vollständig von einem Erdhügel überdeckt ist. Sie wurde schon bei den ersten Ausgrabungen gefunden, das heißt, die Forscher fanden nur den gestampften Lehmboden, von dem sich eine etwa 25 cm hohe Plattform in Form eines stilisierten Vogels erhob, die dem Eingang gegenüber lag. Außerdem konnten die Pfostenlöcher der Dachkonstruktion identifiziert und der Baubeginn um 1015 datiert werden. Weiterer Lehm und Erdklumpen, die zu Grassoden passten, führten zu der Annahme, dass die Hütte mit einem Erdhügel überdeckt war.

Einige Zeit nach der Rekonstruktion stellte sich heraus, dass durch das feuchte Klima Georgias das Erddach so schwer wurde, dass die Holzkonstruktion mit Betonträgern verstärkt werden musste. Außerdem kam es im Inneren zu Pilzbefall, daher ist in die Hütte nun eine Klimaanlage eingebaut.

Wahrscheinlich sind wir unter den jährlich gut 100.000 Besuchern des Ocmulgee National Monument nicht die einzigen, die sich angesichts dieser „Nachbesserungen" fragen, ob die Originalanlage wohl tatsächlich so beschaffen war, denn die ursprünglichen Bewohner konnten zu ihrer Zeit ja nicht mit Beton und Klimatechnik nachrüsten.

Da wir diese Frage sicherlich nicht lösen können, beschließen wir, unsere Reise fortzusetzen, denn unser eigentliches Tagesziel ist heute Savannah, ebenfalls im Bundesstaat Georgia.

Die knapp 160 Meilen (ca. 257 km) bis zu dieser uns noch von der letzten Reise her recht gut bekannten Stadt legen wir auf der Interstate 16 in zwei Stunden zurück und kommen ohne weiteren Zwischenstopp am Abend im nächsten Hotel an, dem La Quinta Inn I-95 in Savannah/Georgia.

Nach dem Einchecken kann uns nicht einmal mehr der Hotel-Pool locken. Der Jetlag ist noch nicht ganz überwunden, unsere Energie reicht gerade für ein schnelles Abendessen in einem nahegelegenen Fast-Food-Restaurant.

An diesem Abend verlöschen die Lichter in unseren Zimmern sehr schnell.

Nach einem stärkenden Frühstück im Motel schaffen wir das Gepäck zurück ins Auto und setzen unsere Reise fort. Da vier von uns Savannah bereits bei dem Aufenthalt zwei Jahre zuvor erkundet haben, haben wir mit Zustimmung unseres „Tour-Neulings" beschlossen, die Stadt quasi im Schnelldurchlauf zu besichtigen.

Obwohl wir zwei Jahre zuvor ebenfalls nur für einen Tag und eine Übernachtung in Savannah weilten, fällt uns die Orientierung erstaunlich leicht. Von unserem etwas außerhalb im Südwesten gelegenen Motel in die Stadt hinein benötigen wir nicht einmal einen Stadtplan. Wie selbstverständlich folgen wir unserem „inneren Kompass", durchqueren die malerische Altstadt, fahren vorbei am Chippewa Square, wo Forrest Gump im gleichnamigen Film auf einer Bank saß und seine unglaubliche Geschichte erzählte.

In der Nähe unseres Ziels, Riverfront Plaza und Factors' Walk, finden wir sogar auf Anhieb einen Parkplatz, fast unmittelbar an dem Hotel, in welchem wir bei unserem ersten Aufenthalt übernachtet haben.

So folgen wir quasi unseren eigenen Spuren und gehen noch einmal den Weg, den wir vor zwei Jahren gegangen sind.

Ich könnte es mir jetzt einfach machen und an dieser Stelle die entsprechende Textpassage aus dem Buch „Von Manhattan zu den Manatees" einfügen. Doch ich mache es mir noch einfacher - ich lasse sie aus. Denn wer das Buch gelesen hat (wobei ich diese Gelegenheit gerne nutze, um mich bei allen zu bedanken, die es erworben haben) kennt diesen Teil meiner Reisebeschreibung ja bereits.

Und wer sie noch nicht kennt... nun, ich wüsste keinen besseren Moment, um für das Buch zu werben als diesen jetzt. Also: Nur Mut, lesen Sie auch „Von Manhattan zu den Manatees"!

Als kleine Auswahl markanter Sehenswürdigkeiten nenne ich hier nur die Old City Exchange Bell, Riverfront Plaza und Factors' Walk, die Statue des „Waving Girl" (das Wahrzeichen von Savannah), den Juliette Gordon Low Historic District, die inzwischen nur noch 21 von ehemals 24 großen Plätze („Squares") und im Grunde die gesamte Altstadt von Savannah.

Für Filmfans ist der Abstecher ins Savannah Visitor Center ein Muss, denn hier steht inzwischen die Original-Bank aus Forrest Gump.

Forrests Bank

Noch ein weiterer Tipp für Fans dieses Films: In nur knapp einer Stunde Fahrtzeit in nördlicher Richtung, quasi auf halber Strecke zwischen Savannah und Charleston, gelangt man nach Beaufort/South Carolina, wo zahlreiche Szenen für den Film gedreht wurden.

Auf unserem Spaziergang durch Savannah gewinnen wir den Eindruck, dass sich die Stadt in den letzten zwei Jahren so gut wie nicht verändert hat. Da das Wetter super ist, legen wir die eine oder andere Pause ein, lassen es uns gut gehen und „gucken Leute", was uns zugegebenermaßen auf allen Reisen immer großen Spaß bereitet.

Doch bald sagt uns der Blick zur Uhr, dass es genug ist. Wir schlendern zurück zum Wagen und verlassen Savannah in nördlicher Richtung, wo die Stadt Charleston in South Carolina bereits auf uns wartet.

Auf unserer Fahrt lassen wir die zwischen Savannah und Charleston liegende sehenswerte Küstenlandschaft mit sicherlich interessanten kleinen Orten und zahlreichen Wildreservaten sowie dem oben bereits erwähnten Städtchen Beaufort im wahren Wortsinn rechts von uns liegen.

Somit erreichen wir Charleston am frühen Nachmittag, nach einer nur knapp zweistündigen Fahrt, die uns zunächst über die Interstate 95 und ab Point South über die US-N 17 führte.

Auch Charleston war zwei Jahre zuvor eine Station unserer Reise von New York nach Florida, doch eine Sehenswürdigkeit haben wir seinerzeit aus Zeitmangel nicht besichtigt. Diese steht daher nun im Mittelpunkt unseres heutigen Programms: Fort Sumter - der Ort, an dem der Amerikanische Bürgerkrieg am 12. April 1861 um 4:30 Uhr begann.

Für alle, die wie ich die geschichtlichen Ereignisse nicht im detaillierten Zusammenhang in Erinnerung haben, möchte ich an dieser Stelle den Text der deutschen „Wikipedia"-Seite über Fort Sumter zitieren, natürlich nicht, ohne den fleißigen „Wikipedia"-Autoren einen herzlichen Dank auszusprechen:

Fort Sumter ist ein Fort auf einer künstlichen Insel an der Einfahrt vom Atlantischen Ozean in die Bucht von Charleston in South Carolina.

Das Bauwerk wurde 1829 begonnen. Es ist nach Thomas Sumter (1734 - 1832), einem General des Amerikanischen Unabhängigkeitskrieges, benannt. Seit dem Ende der militärischen Nutzung 1948 ist das Fort eine Gedenkstätte, ein „National Monument", und wird vom National Park Service verwaltet.

Nach dem Ende des Britisch-Amerikanischen Krieges von 1812 bis 1814 wurde an der amerikanischen Atlantikküste und einigen anderen Standorten unter dem Namen Third System eine Kette von Küstenbefestigungen errichtet.

Charleston war die bedeutendste Stadt South Carolinas und nach Savannah der zweitwichtigste Hafen an der südlichen Atlantikküste. Die Stadt liegt auf einer Halbinsel zwischen den Mündungen der drei Flüsse Ashley River, Cooper River und Wundo River in der nach der Stadt benannten Bucht. Diese ist durch einen Kanal zwischen zwei breiten, flachen Inseln, Sullivan's Island im Nordosten und Morris Island im Südwesten, mit dem Ozean verbunden. Der Kanal war zu breit, um mit der damaligen Artillerie von den Inseln aus die Einfahrt in den Hafen bestreichen und damit sperren zu können. Deshalb wurde eine Untiefe im Kanal künstlich erhöht und als Fundament für eine der Befestigungen genutzt. Dort entstand Fort Sumter. Ihr gegenüber, auf Sullivan's Island, wurde Fort Moultrie angelegt. Die Bauarbeiten für beide Forts wurden 1829 begonnen. Zum Zeitpunkt der Zerstörung im Jahr 1861 waren beide fast vollendet, Fort Moultrie war bereits von Truppen unter Major Robert Anderson bezogen.

Zur Errichtung der künstlichen Insel wurden über 70.000 Tonnen Granit aus Neuengland importiert. Die äußere Form des Forts beschreibt ein unregelmäßiges Fünfeck mit Seitenlängen zwischen 51 und 58 Metern. Die Backsteinmauern waren 16 m hoch, die ursprüngliche Mauerstärke wird mit 5 Fuß (1,6 Meter) angegeben. Die Festung war darauf ausgelegt, bis zu 650 Menschen und 135 Kanonen auf drei Stockwerken zu beherbergen. Alle fünf Seiten waren mit zwei Stockwerken Kasematten ausgestattet, die mit Kanonen bestückt wurden. Auf den drei dem Land zugewandten Seiten waren die Unterkünfte, Lager, Werkstätten und sonstigen Räume in dreistöckigen Ziegelbauten untergebracht, die konstruktiv von den Kasematten getrennt waren. Im Zentrum lag der offene Paradeplatz.

Während der Bauphase wurde das Fort im September 1858 kurzzeitig genutzt, um 300 schwarze Sklaven unterzubringen. Sie waren auf dem Schiff „Echo" aufgegriffen worden, das die in Cabinda an der Mündung des Kongo gekauften Sklaven in die Vereinigten Staaten bringen sollte. Der Handel mit afrikanischen Sklaven war in den USA seit 1808 illegal, nur noch in den Vereinigten Staaten lebende und geborene Schwarze durften als Sklaven gehalten werden. Der illegale Handel wurde als Piraterie verfolgt, Kapitän Townsend von der „Echo" wurde der Prozess gemacht, die Sklaven wurden in die damalige US-Kolonie Liberia deportiert und dort freigelassen.

Nach der Wahl von Abraham Lincoln zum US-Präsidenten, im November 1860, verließen viele sklavenhaltende Staaten des Südens die USA (die „Union") und gründeten einen eigenen Gesamtstaat, die „Confederate States of America". Allerdings hatten die Nordstaaten (die Union) immer noch Besitz im Süden, darunter Forts der U.S. Army. Eine der wichtigsten Positionen war für den Norden der Tiefwasserhafen von Charleston in South Carolina, der sehr bedeutend für den Außenhandel war.

South Carolina verließ die Union am 20. Dezember 1860. Sechs Tage später zog Unionsmajor Robert Anderson auf eigene Initiative die Unionstruppen im Bereich von Charleston zusammen. Weil Fort Moultrie nicht gegen einen Angriff von der Landseite zu verteidigen war, verlegte er sie heimlich in das noch nicht fertiggestellte Fort Sumter.

Monatelang forderte die Konföderation von den Unionstruppen im Fort die Kapitulation und versuchte es auszuhungern. Gleichzeitig baute die „Confederate States Army" eine Artilleriestellung auf der südwestlichen Insel auf, um im Kriegsfall Fort Sumter von dort beschießen zu können. Im Januar 1861 wurde ein Versorgungsschiff der Union für Fort Sumter von der neuen Artilleriestellung an der Küste beschossen und musste abdrehen. Am 1. Februar konnten alle Frauen und Kinder das Fort verlassen und in die Nordstaaten ausreisen. Es verblieben 86 Mann: 10 Offiziere und 76 Unteroffiziere und Mannschaften. Die Lebensmittelvorräte der belagerten Unionstruppen reichten bis zum 15. April, Brennstoffe gingen schon vorher aus.

Am 4. März trat Lincoln sein Amt als Präsident an. Er versuchte zunächst zu verhandeln und die Konföderation nicht durch militärische Unterstützungsaktionen zugunsten des belagerten Forts zu provozieren. Als bekannt wurde, dass die europäischen Staaten Großbritannien, Frankreich, Spanien und Russland überlegten, die Konföderation anzuerkennen, schlug die Stimmung um und der Konflikt wurde unausweichlich.

Im März organisierte die Union den Entsatz, also die Befreiung ihrer Truppen in Fort Sumter und im ebenfalls belagerten Fort Pickens in Florida. Anfang April sollte die Aktion stattfinden. Wegen widersprüchlicher Befehle fuhr das für Fort Sumter vorgesehene Kriegsschiff nach Florida, die beiden Schlepper kamen ebenfalls nie vor Charleston an, so dass drei unbewaffnete Frachtschiffe in der Nacht vom 11. auf den 12. April alleine eintrafen und ohne Deckung nicht zum Fort vorstoßen konnten.

Das Eintreffen dieser Versorgungsschiffe war der Anlass für die konföderierten Truppen unter General Pierre Gustave Toutant Beauregard, am 12. April 1861 um 4:30 Uhr von der passiven Belagerung zu Kampfhandlungen überzugehen. Sie eröffneten das Feuer auf Fort Sumter. Beim Bombardement aus den umliegenden Hafenbefestigungen (Fort Moultrie, dem alten Fort Johnson und der neu errichteten Stellung am Cummings Point) kamen Artilleriegeschütze und Mörser zum Einsatz. Die Kampfhandlungen dauerten 34 Stunden. Am 13. April 1861 um 14:00 Uhr ergab sich die Besatzung des Forts unter Major Anderson, nachdem ein Brand im Offiziersquartier außer Kontrolle geraten war und Gefahr bestand, dass in der Folge das Pulvermagazin explodierte. Während der gesamten Auseinandersetzung wurden auf keiner Seite Menschen getötet.

Während eines 100-Schuss-Saluts für die Unionsfahne, eine der Kapitulationsbedingungen von Major Anderson, wurde der Unionssoldat Private Daniel Hough getötet und einige weitere Unionssoldaten teils schwer verletzt, als eine der Kanonen während des Nachladens frühzeitig feuerte. Private Edward Galloway, einer der Verletzten, starb wenig später in einem Hospital in Charleston. Diese beiden Männer gelten als erste Todesopfer des Sezessionskrieges.

Nach der Kapitulation wurde das Fort von konföderierten Truppen besetzt und notdürftig instand gesetzt.

Im April 1863 versuchten die Unionstruppen einen Angriff auf Charleston und beschossen Fort Sumter schwer. Sie verhängten eine Seeblockade gegen die Stadt und besetzten Folly Island westlich von Morris Island. Im Juli griffen sie zweimal das improvisierte konföderierte Fort Wagner auf Morris Island an, konnten es aber nicht einnehmen. Mitte August 1863 griffen sie Fort Wagner und Fort Sumter erneut an und zerstörten beide systematisch durch Artlllertebeschuss. Am 7. September gaben die Konföderierten Fort Wagner auf. Eine Landungsoperation der Unionstruppen gegen Fort Sumter am 9. September wurde von General Beauregard abgewehrt. Erst gegen Ende des Krieges evakuierte die Armee der Südstaaten Charleston und Fort Sumter.

Am 17. Februar 1865 wurde die Insel von Unionstruppen unter General William Tecumseh Sherman formell in Besitz genommen. Man schätzt, dass während des Krieges Geschosse mit einem Gewicht von insgesamt sieben Millionen Pound (etwa 3175 Tonnen) auf Fort Sumter abgefeuert wurden.

Nach dem Krieg war Fort Sumter eine Ruine. Anfängliche Bestrebungen einer Wiederherstellung kamen bald zum

Erliegen und das Fort wurde nur teilweise instand gesetzt. Die Außenmauern wurden lediglich bis zum ersten Stockwerk aufgebaut, die Schießscharten der Kasematten nicht wieder geöffnet. Stattdessen wurde auf der Oberfläche Raum für Geschütze geschaffen, diese wurden aber nicht mehr bestückt. Als einzige Nutzung der Insel blieb der seit 1855 bestehende Leuchtturm.

Erst unter dem Eindruck des Spanisch-amerikanischen Krieges vom 25. April bis 12. August 1898 wurde eine neuerliche militärische Nutzung beschlossen. Im selben Jahr wurde mit dem Bau einer massiven Betonkonstruktion namens Battery Huger als Fundament für schwere Geschütze in den historischen Ruinen des Forts begonnen, die zwar in beiden Weltkriegen stets mit Truppen und Artillerie bemannt waren, jedoch nie Schauplatz einer militärischen Auseinandersetzung wurden.

Seit 1948 ist Fort Sumter eine Gedenkstätte, ein „National Monument" unter der Verwaltung des amerikanischen National Park Service.

Die Betonkonstruktion Battery Huger steht noch heute inmitten des Areals und beherbergt ein Besucherzentrum mit Museum. Während des Beschusses von 1861 wurde der Fahnenmast des Forts getroffen. Soldaten richteten ihn und die Flagge der Vereinigten Staaten mit den damals 33 Sternen unter schwerem Beschuss wieder auf. Die Flagge ist erhalten und wird im Museum des Forts ausgestellt.

Fort Sumter kann ausschließlich per Boot von Charleston aus besichtigt werden. Zum National Monument gehören auch ein Besucherzentrum in Charleston auf dem Festland, sowie auf Sullivans Island das Fort Moultrie und seit 2008 das Sullivan's Island Lighthouse, der dienstjüngste Leuchtturm der Vereinigten Staaten.

Die Boote der „Fort Sumter Tours" legen im Sommer drei Mal täglich an zwei verschiedenen Stellen ab, und zwar zum einen im Hafen von Charleston, genauer am Liberty Square in der Concord Street, nahe am „South

Carolina Aquarium", zum anderen am so genannten Patriots Point am gegenüberliegenden Ufer des Cooper River.

Die Fahrt kostet 2004 12 Dollar für Erwachsene (inzwischen 18 Dollar) und dauert knapp 2,5 Stunden, wobei für die Besichtigung des Fort Sumter eine Stunde Aufenthalt vorgesehen ist.

Wir haben Glück und erwischen das letzte Boot, die „General Beauregard", das an diesem Tag um 13:30 Uhr am Patriots Point ablegt. Allzu viele Touristen sind bei dieser späten Tour nicht mehr an Bord, so können wir uns recht frei auf dem Schiff bewegen und uns die von der Autofahrt etwas lahmen Beine vertreten.

Direkt hinter dem Anleger für die Boote der „Fort Sumter Tours" befindet sich übrigens ein großes Marinemuseum, u.a. mit dem Flugzeugträger „USS Yorktown", der 1943 in Dienst gestellt und 1970 ausgemustert wurde. Sowohl während des 2. Weltkrieges als auch noch im Vietnam-Krieg fuhr er Einsätze im Pazifik. Im Dezember 1968 hatte das Schiff den besonderen Einsatzbefehl, die Besatzung der „Apollo 8" nach der Wasserung im Pazifik zu bergen.

Unsere Fahrt mit dem bedeutend kleineren Fährschiff führt vorbei an Shutes Folly Island, einer kleinen Insel, die fast mittig im Cooper River liegt, und nach ca. 35 Minuten ruhiger Überfahrt erreichen wir den Fähranleger von Fort Sumter.

Es folgt ein kurzer Fußweg, an dessen Ende wir das Eingangstor zum Fort erreichen.

Mit Ausnahme der Battery Huger ist im Inneren der Befestigungsanlage nicht mehr viel erhalten geblieben. Über der verbliebenen, noch immer imposanten Betonkonstruktion wehen ständig 6 Flaggen. Am höchsten Mast hängt, wie an jedem öffentlichen Gebäude der USA, die US-Flagge in ihrer heute üblichen Gestaltung.

Innenhof von Fort Sumter

An fünf kleineren Masten sind historische Flaggen gehisst, die einen zeitlichen Verlauf der beiden Regierungen darstellen sollen, die im Verlauf des Bürgerkrieges über Fort Sumter herrschten. Dabei handelt es sich um die US-Flagge mit 33 Sternen, wie sie zum Zeitpunkt des Angriffs am 12. April 1861 über Fort Sumter wehte, und die US-Flagge, die dann nach Kriegsende 1865 wieder dort wehte.

Ferner hängt hier die „Stars and Bars", die erste Nationalflagge der Konföderation der Südstaaten, die von 1861 bis 1863 über Fort Sumter wehte. Obwohl der Konföderations-Kongress diese Flagge niemals offiziell genehmigt hatte, wurde sie im März 1861 erstmals verwendet. Die Sterne repräsentieren die von der Union abgefallenen Staaten South Carolina, Mississippi, Florida, Alabama, Georgia,

Louisiana und Texas. Die Ähnlichkeit dieser Flagge mit der Unionsflagge führte während einiger Schlachten zu Verwirrungen unter den Soldaten. Daher wurde sie 1863 durch die zweite Nationalflagge der Konföderation ersetzt, das „Stainless Banner", das ebenfalls heute über Fort Sumter gehisst ist.

Diese Flagge wurde am 1. Mai 1863 angepasst. Vier der zusätzlichen sechs Sterne symbolisieren die Staaten, die nach der Schlacht um Fort Sumter der Konföderation beitraten: Virginia, Arkansas, Tennessee und North Carolina.

Die beiden restlichen Sterne stehen für Kentucky und Missouri, die offiziell nie aus der Union austraten, aber von der Konföderation anerkannt wurden. Wegen der großen weißen Fläche dieser Fahne wurde sie in Schlachten häufiger mit der „weißen Fahne" verwechselt, was natürlich für Irritationen sorgte. Daher wurde sie 1865 durch die dritte Nationalflagge der Konföderation ersetzt, die auf der rechten Seite einen breiten vertikalen roten Streifen aufwies.

Als fünfte historische Flagge weht die Staatsflagge von South Carolina über Fort Sumter. Diese blaue Flagge mit weißer Palme und Mond ist die erste und einzige offizielle Staatsflagge von South Carolina und wurde am 26. Januar 1861 erstmals gehisst. Ihre Geschichte reicht zurück bis in die Zeit des amerikanischen Unabhängigkeitskrieges. Sie wurde entworfen von Colonel William Moultrie, nach dem später auch das unweit von Fort Sumter auf Sullivan's Island gelegene Fort benannt wurde.

Die US-Südstaatenflagge in der Gestaltung, wie wir sie heute kennen, d.h. roter Untergrund mit blauem Kreuz und weißen Sternen, suchen wir in Fort Sumter allerdings vergebens.

Darstellung und Erläuterung der Flaggen

Im Innenhof des Forts sind einige Kanonen ausgestellt, darüber hinaus erläutern zahlreiche Schautafeln die Geschichte und das ursprüngliche Aussehen dieser Verteidigungsanlage. Im Inneren der Battery Huger befindet sich jetzt ein Museum. Dessen Prunkstück ist die Original-US-Flagge, die am 12. April 1961 über dem Fort wehte und die sowohl von dem damaligen Kampf als natürlich inzwischen auch vom Zahn der Zeit extrem in Mitleidenschaft gezogen wurde. Damit sie nicht noch mehr Schäden erleidet, ist sie heute nur hinter Panzerglas zu besichtigen.

Eine von den „Töchtern der Konföderation" in Charleston im Jahre 1929 gestiftete weiße Marmortafel an den Verteidigungsmauern ist dem Andenken der konföderierten Garnison von Fort Sumter gewidmet, die „von 1861 bis 1865 in heroischem Kampf das Fort verteidigte", so die sinngemäße Übersetzung.

Die eine Stunde, die uns für die Besichtigung des Forts zur Verfügung steht, vergeht schnell. Am Anleger wartet bereits das Boot der „Fort Sumter Tours", um uns zurück nach Charleston zu bringen.

Die wiederum ruhige Überfahrt macht Lust auf mehr Entspannung und so fahren wir nach der Rückkehr zum Festland zum Waterfront Park, in dessen Nähe wir sogar einen Parkplatz finden.

Auf einer dem Wasser zugewandten Bank sitzt es sich herrlich entspannt und wir genießen die Ruhe und den Ausblick. Nur unsere beiden Raucher sind weniger angetan von der Umgebung - denn hier im Park herrscht Rauchverbot. Doch sie überstehen den temporären Nikotinentzug ohne Folgeschäden und können dem Idyll ebenfalls positive Seiten abgewinnen.

Abschließend genießen wir noch einmal den Anblick der zahlreichen schönen Südstaatenhäuser, die hier aneinandergereiht stehen. Sie sind zwar nicht so eindrucksvoll und prächtig, wie die Villen weiter südlich an der South Battery, doch wir würden jedes von ihnen geschenkt nehmen.

Dann geht es mit dem Wagen zum Hotel, dem La Quinta Inn Charleston North, 2499 La Quinta Lane. Der Tag neigt sich bereits dem Ende zu und auch der Hunger meldet sich jetzt mit Macht; wir stillen ihn unterwegs mit einem Burger-Menu.

Der folgende Tag beginnt wie so viele bei unseren Rundreisen durch die USA: Frühes Aufstehen, Frühstück - das hier im Osten der USA zum Glück in fast jedem Hotel angeboten wird, was im westlichen Teil des Landes nicht selbstverständlich ist; dann das Gepäck in den Wagen laden, die Straßenkarten und Reiseführer für die bevorstehende Etappe bereitlegen (2004 waren Navigationssysteme noch nicht üblich) und losfahren.

Unsere heutige Tour wird in Asheville/North Carolina enden, einer Stadt am Rande des Great Smoky Mountains Nationalparks und schon recht nah an der Grenze zu Tennessee gelegen. Bis dahin liegen knapp 400 Kilometer

Fahrt in nordwestlicher Richtung über die Interstate 26 vor uns.

Unterwegs passieren wir u.a. Columbia, die Hauptstadt South Carolinas, und durchqueren den Sumter National Forest. Doch wir haben bereits vor der Abfahrt von Charleston entschieden, dass wir auf dieser Etappe keine Abstecher machen und außer für einige kleine Pausen auch nicht anhalten wollen.

So erreichen wir Asheville schon um die Mittagszeit. Da es zum Einchecken im Hotel noch zu früh ist, entscheiden wir uns für einen Rundgang durch diese Stadt, die auf ehemaligem Stammesgebiet der Cherokee-Indianer liegt. Die ersten Europäer, die in dieses Gebiet gelangten, waren um 1540 herum die Spanier unter Hernando de Soto. Lange Zeit war die Stadt sehr abgelegen und nur über eine einzige Straßenverbindung von Tennessee her zu erreichen. Aus diesem Grund ging sie auch aus dem Bürgerkrieg so gut wie unversehrt hervor. Erst mit dem Anschluss der Eisenbahn im Jahr 1880 entwickelte sich die Stadt immer weiter. Heute leben gut 70.000 Menschen in Asheville, insgesamt rund 400.000 Einwohner hat der Großraum Asheville.

Wir parken unseren Wagen in einer Nebenstraße. Unser Spaziergang zur Innenstadt führt an einigen kleinen Geschäften nicht nur vorbei sondern natürlich auch hinein, um nach Souvenirs Ausschau zu halten, doch die Ausbeute ist hier nicht sehr ergiebig.

Unser Rundgang führt uns schließlich zur Kreuzung Broadway/Biltmore Avenue und Patton Avenue. Zwischen den beiden Fahrspuren der Patton Avenue gelangen wir an das Ende (oder auch den Anfang, je nach Richtung) einer Grünanlage mit Wasserbecken, der Pack Square Park. Unser Blick wird von einem ca. 20 Meter hohen gemauerten Obelisken angezogen. Beim Näherkommen ist er jedoch plötzlich gar nicht mehr so interessant für uns. Viel interessanter finden wir den, wie ich es nennen möchte, künstlichen kleinen Zoo, quasi ein Denkmal für Haustiere zu Füßen des Obelisken. In Form von Bronzeskulpturen befinden sich hier nämlich zwei Truthähne und zwei Schweine, offensichtlich jeweils „Mutter und Kind".

Tierskulpturen in Asheville

Natürlich erstaunt es uns, mitten in der Stadt, in Blickweite des Rathauses, derartige Skulpturen vorzufinden, doch wir werden durch eine entsprechende Tafel aufgeklärt. Die Skulpturen gehören zum „Ashville Urban Trail", einem 1991 geschaffenen selbstgeführten Rundgang mit 30 Stationen durch die historische Altstadt von Ashville. Hier befinden wir uns an der 2. Station dieses Rundgangs, zu dem auch zahlreiche historische Gebäude und Denkmäler gehören.

Die Tierskulpturen sowie auch ihre im Betonboden eingegossenen Trittspuren wurden von Robert Gursky und John Ransmeier hier errichtet zum Gedenken an den ehemals hier verlaufenden Buncombe Turnpike, den die Farmer früher nutzten, um ihre Schweine, Truthähne und Rinder zu den südlichen Märkten zu treiben.

In unmittelbarer Nähe der Skulpturen befindet sich ein Gedenkstein. Da die Patton Avenue auch ein Teil des Highway 25, des „Dixie Highways" ist, handelt es sich bei diesem Stein entsprechend um einen „Dixie Highway Marker". Er wurde bereits 1926 von den „Daughters of the Confederacy and friends" (Töchter der Konföderation und

31

Freunde) gestiftet und dem Andenken an General Robert E. Lee gewidmet. Unter einer Plakette, die den General hoch zu Ross zeigt, befindet sich die Widmung: „Erected and Dedicated by the United Daughters of the Confederacy and Friends in Loving Memory of Robert E Lee and to Mark the Route of the Dixie Highway" (Übersetzung: Errichtet und gewidmet von den Vereinigten Töchtern der Konföderation und Freunden in liebevoller Erinnerung an Robert E. Lee sowie zur Markierung der Route des Dixie Highways).

Der Obelisk, der uns zuallererst auffiel, wurde im September 1897 hier errichtet und ist dem Gedenken an Zebulon Baird Vance gewidmet. Während des Bürgerkriegs war Vance ein hochdekorierter Südstaaten-Offizier, außerdem war er der 37. und 43. Gouverneur von North Carolina sowie US-Senator. Er war einer der einflussreichsten Führer während des Bürgerkrieges.

So werden wir auch hier wie so oft auf unserer Reise daran erinnert, dass wir uns mitten im alten Süden der USA befinden.

Zum „Asheville Urban Trail" gehört unter anderem auch das Denkmal für den Schriftsteller Thomas Wolfe, der durch seinen 1929 erschienen Roman „Schau heimwärts Engel" weltberühmt wurde - und damit auch Asheville weltberühmt machte, denn seine Heimatstadt und einige ihrer Bürger, die darüber nicht sehr erfreut waren, dienten ihm als Vorlage für die fiktive Stadt Altamont, in der sein Roman spielt. Wolfe wurde nach seinem Tod 1938 auf dem Friedhof von Asheville begraben und heute sind die Einwohner stolz auf ihren berühmtesten Sohn.

Uns fehlt leider die Zeit, auf seinen Spuren zu wandeln. Auch für einen Abstecher zur Lexington Avenue Brewery an der North Lexington Avenue, die ein sehr gutes Bier brauen soll, das man direkt vor Ort verköstigen kann, ist es inzwischen zu spät. Wir kehren zum Wagen zurück und fahren zu unserem außerhalb der Stadt in der Nähe der Interstate 40 gelegenen Hotel Quality Inn & Suites, 1430 Tunnel Road.

Nach dem Einchecken teilt sich unsere Reisegruppe. Während zwei von uns sich auf einen entspannten Nachmittag am Hotel-Pool freuen, sind die anderen drei noch voller Tatendrang und beschließen, für einen kleinen Einkaufsbummel in das ca. 20 Meilen (32 km) entfernte Hendersonville zu fahren.

Hendersonville entpuppt sich schon bei der Überquerung der Stadtgrenze als beschauliche Stadt mit vielleicht 12.000 Einwohnern; die wenig befahrenen Straßen sind von typischen Einfamilienhäusern gesäumt.

Unserem Reiseführer entnehmen wir mit Bedauern, dass wir zum falschen Zeitpunkt hier sind, denn die Hauptattraktion von Hendersonville ist das „North Carolina Apple Festival", das in jedem Jahr am „Labour Day Weekend", also Ende August/Anfang September, stattfindet. Die ganze Stadt ist dann geschmückt und auf der Main Street findet eine große Parade statt, zu der mehr als 50.000 Besucher kommen.

Doch sei es, wie es sei, auch jetzt hat Hendersonville für Touristen seine Reize.

Auf der Main Street gibt es noch immer den typischen „General Store", viele Bürgersteige sind wie früher überdacht und aus Holz und auch sonst spürt man im ganzen Ort den Hauch der guten alten Zeit. Das imposante Gebäude des County Court House erinnert entfernt an das Capitol in Washington, das Gebäude der Saint James Church weckt Assoziationen mit alten englischen Burgen und Schlössern.

Doch die größte Überraschung erleben wir, als wir etwas außerhalb des Stadtzentrums einen Parkplatz ansteuern: Dieser gehört zu einem ALDI-Markt!!

2004 für uns noch eine Überraschung: ALDI in der Provinz

Wenn wir hier im westlichen Zipfel von North Carolina, am Rande des Great Smoky Nationalparks mit seinen riesigen Wäldern, in dieser Abgeschiedenheit der ländlichen Idylle mit allem gerechnet hätten - aber niemals mit einer Filiale dieses deutschen Discounters…

Natürlich ist ein Einkauf dort für uns Pflicht und sehr viele Sortimentsteile kommen uns irgendwie bekannt vor…

Obwohl es inzwischen weitaus mehr Aldi-Märkte in den USA gibt, hier die Adresse „unserer" Entdeckung: 110 Duncan Hill Road in Hendersonville/North Carolina. Aber bitte die eingeschränkten Öffnungszeiten beachten, abends schließt der Markt spätestens um 20 Uhr.

Unsere zwei im Hotel verbliebenen Reisegefährten sind sichtlich irritiert und fühlen sich zunächst auf den Arm genommen, als wir ihnen von unserer Entdeckung berichten. Doch das Beweisfoto der Digitalkamera ist mehr als überzeugend.

Doch selbst noch beim Abendessen, das wir wieder einmal bei einer bekannten Burger-Kette einnehmen, bietet der Supermarkt in dieser Gegend weiterhin Gesprächsstoff.

„Same procedure as almost every day" heißt es am folgenden Morgen. Das Gepäck korrekt im Van zu verstauen ist uns inzwischen schon zur Routine geworden, was allerdings auch daran liegt, dass der Wagen sehr geräumig ist. Angesichts unserer jetzt bereits getätigten Einkäufe könnte vielleicht dennoch bezweifelt werden kann, ob dieser Platz am Ende der Reise noch ausreichend sein wird.

Eins weicht heute jedoch von unserer gewohnten Routine ab: Das Wetter hat sich verschlechtert. Hatten wir uns bisher an jedem Tag über strahlenden Sonnenschein und Temperaturen knapp an der 30°C-Grenze freuen dürfen, so zeigt sich der Himmel an diesem Morgen bedeckt, einzelne Tropfen fallen herab und die Temperatur liegt deutlich unter 20°C.

Wir trösten uns jedoch mit dem Gedanken, dass hier in den Bergen Wetterumschwünge keine Seltenheit sind und dass sich alles in kurzer Zeit wieder wenden und die Sonne wieder scheinen kann.

In dieser Hoffnung machen wir uns auf den Weg durch den Great Smoky Mountains Nationalpark zu unserer nächsten Reisestation Chattanooga in Tennessee.

Die Strecke bis Cherokee, der mitten im Nationalpark gelegenen „Hauptstadt" der gleichnamigen Indianer-

Nation, legen wir auf dem uns bereits bekannten Blue Ridge Parkway zurück. Diese Panoramastraße führt vom Shenandoah Nationalpark im Osten über gut 750 Kilometer bis hierher in den Smoky Mountains Nationalpark und ist mit seinen vielen Kurven, Aussichtspunkten und der Landschaft, die sie durchquert, selbst schon eine Sehenswürdigkeit. Mit ihrem Bau wurde 1933 begonnen, doch erst 1987 war sie in voller Länge fertiggestellt. Die Straße ist für gewerblichen Kraftverkehr gesperrt und es gilt eine maximale Geschwindigkeit von 45 Meilen, also ca. 72 km/h.

Obwohl uns dieser Teil der Strecke bereits von unserem letzten Aufenthalt vor zwei Jahren bekannt ist, lassen wir uns erneut von der Faszination dieser Landschaft einfangen. Trotz des nach wie vor schlechten Wetters nehmen wir uns Zeit und legen verschiedene Stopps ein.

Am Oconaluftee Visitor Center, dem u.a. ein Indianermuseum angeschlossen ist, fahren wir jedoch vorbei, um einen Abstecher zum Klingman's Dome zu machen.

Mit 2024,8 Metern ist dieser Berg die höchste Erhebung im Smoky Mountains Nationalpark und zugleich der höchste Berg in Tennessee.

Auf seinem Gipfel steht eine Aussichtsplattform, von der man eine hervorragende 360°-Rundumsicht über das gesamte Gebiet, bei gutem Wetter sogar fast 100 Meilen (ca. 161 km) weit, hat. Leider hat sich dieses gute Wetter bei unserer Ankunft auf dem unterhalb des Berges gelegenen Parkplatz noch immer nicht eingestellt. Es ist noch immer kalt und regnerisch. So verzichten wir auf den gut 800 Meter langen steilen und anstrengenden Aufstieg und beschränken uns auf eine Raucher- und Toilettenpause, zumal wir dieses Abenteuer ja bereits vor zwei Jahren erlebt haben.

Offensichtlich verzichten auch die zahlreichen anderen Touristen wegen der Wetterbedingungen auf den Aufstieg, so dass bei den Toiletten entsprechend großer Andrang herrscht. Das verschafft unseren Rauchern genügend Zeit, um quasi auf Vorrat zu rauchen.

Herbst im Hochsommer

Relativ durchgefroren setzen wir unsere Fahrt nach einer halben Stunde fort, besser gesagt, wir fahren zurück, denn der Weg zum Klingman's Dome ist eine Sackgasse.

Den nächsten Halt legen wir in Cherokee ein, womit wir uns übrigens zunächst erst einmal wieder im Bundesstaat North Carolina befinden.

Dieser Ort an der Kreuzung der US 19 mit der US 441 ist der Hauptort der „Eastern Band of Cherokee Indians" mit rund 2000 Einwohnern. Als Zeichen der Bewahrung der Kultur der Cherokee sind viele Straßenschilder hier „zweisprachig", d.h. Englisch sowie zusätzlich in der Silbenschrift der Cherokee.

Ein Tipp für alle „Zocker": Etwas außerhalb der Stadt betreiben die Cherokee ein Spielcasino, das „Harrahs Cherokee Casino". Wer also hier im Osten Urlaub macht, muss nicht extra einen Abstecher nach Las Vegas machen, um sich von den „einarmigen Banditen" das Geld wegnehmen zu lassen (oder aber auch zu gewinnen!).

Wir interessieren uns bei unserem Aufenthalt jedoch mehr für die vielen kleinen Läden sowie das Cherokee-Museum.

Außerdem überlegen wir kurz, ob wir nicht doch noch in dem Hotel, in dem wir vor zwei Jahren wohnten, unsere Schulden für das damalige Frühstück bezahlen sollen (wer die ganze Geschichte erfahren möchte, dem empfehle ich auch an dieser Stelle „Von Manhattan zu den Manatees").
Da aber seinerzeit irgendwie doch jemand für uns bezahlt hat, verwerfen wir diesen Gedanken sehr schnell wieder und investieren das so eingesparte Geld lieber in ein paar hübsche Souvenirs.

Inzwischen ist es bereits früher Nachmittag geworden, doch noch immer hat das Wetter sich nicht wesentlich gebessert. Wir setzen unsere Reise über die US 74 in südwestlicher Richtung fort. Mit zwei kurzen Pausen sowie einem extremen Starkregenschauer kurz vor dem Ziel benötigen wir für die rund 150 Meilen (ca. 241 km) lange Strecke gut 5,5 Stunden und erreichen schließlich Chattanooga und unser Hotel, das La Quinta Inn, 100 West 21st Street, gegen 20 Uhr.

Ziemlich geschafft von der Fahrt und den äußeren Bedingungen nehmen wir noch ein spätes Abendessen ein, dann endet auch dieser Urlaubstag mit einem erholsamen Schlaf.

Chattanooga liegt am Ufer des Tennessee River und ist mit gut 167.000 Einwohnern die viertgrößte Stadt Tennessees. Sie wurde 1816 als Ross's Landing vom Cherokee-Häuptling John Ross gegründet. Nachdem die Cherokee 1838 auf dem so genannten „Trail of Tears" gewaltsam umgesiedelt wurden, wurde die Stadt in Chattanooga umbenannt. Dieses Wort stammt aus der Sprache der Creek-Indianer und bedeutet so viel wie „Stein, der zu einem Punkt kommt". Das bezieht sich auf den Lookout Mountain, der sich von Chattanooga über 88 Meilen (etwa 142 km) durch Alabama und Georgia erstreckt.

Während des Bürgerkrieges fanden in der Nähe der Stadt einige große Schlachten statt. Eine der wichtigsten war die Schlacht von Chickamauga.

Zum Gedenken an diese Schlacht wurde auf Initiative von Kriegsveteranen beider Seiten bereits im Jahre 1889 der Chickamauga & Chattanooga National Military Park gegründet und auf dem Gelände eingerichtet, an dem die Originalschlacht stattgefunden hat. Dieses Gebiet liegt sowohl auf dem Territorium von Tennessee als auch von Georgia. Der Eintritt in das zugehörige Museum und auf das ehemalige Schlachtfeld ist frei.

Lange Zeit war Chattanooga eine wichtige Industriestadt und galt noch in den 60er Jahren des 20. Jahrhunderts als „dreckigste Stadt Amerikas". Das hat sich, wie auch wir merken, inzwischen grundlegend zum Positiven gewandelt.

„Pardon me, boy, is this the Chattanooga Choo-Choo…"
Viele kennen sicherlich diesen Swing-Titel von Glenn Miller aus dem Jahre 1941, ebenso viele werden die von Harry Warren komponierte Melodie im Ohr haben, die Udo Lindenberg 1983 für seinen Hit „Sonderzug nach Pankow" nutzte.

Doch die wenigsten werden vielleicht wissen, dass mit dem Chattanooga Choo-Choo nicht der Zug gemeint ist, dessen Geräusche im Song zu vernehmen sind, sondern dass es sich hierbei um einen Bahnhof in Chattanooga handelt.

Auch wir erkennen unseren Irrtum erst hier vor Ort.

Wie immer sind wir recht früh aus den Federn gesprungen, haben gefrühstückt (mit der obligatorischen Zigarette danach für die Raucher), den Wagen gepackt und uns auf den Weg zur berühmtesten Attraktion von Chattanooga in der 1400 Market Street gemacht.

Das Wetter ist zum Glück wieder so, wie man es sich im Sommer in den Südstaaten der USA vorstellt: Sonnig und warm, so dass es wieder richtig Spaß macht, sich im Freien aufzuhalten!

Unseren Wagen parken wir am Ufer des Tennessee River, direkt am Tennessee Aquarium, einem der größten Süßwasser-Aquarien der Welt, das für viele Besucher sicher auch ein lohnendes Ausflugsziel darstellt. Wir haben daran heute jedoch kein Interesse und wählen den relativ kurzen Fußweg die Market Street hinunter und finden uns bald darauf auf dem Vorplatz des Bahnhofgebäudes von 1909 (ein Gruß an alle Fans des BVB!) wieder.

Nicht der Zug ist der Chattanooga Choo-Choo

Zur Blütezeit des Eisenbahnverkehrs gingen von hier Züge in alle Richtungen, doch heute ist das Bahnhofsgebäude Teil eines insgesamt fast 10 Hektar großen Geländes und beherbergt eins von drei Hotels. Darüber hinaus findet man in diesem „Freizeitpark" fünf Restaurants, historische Züge, in deren luxuriös umgebauten Schlafwagen man ebenfalls übernachten kann, diverse kleine Läden, ein Eisenbahnmuseum, aber auch liebevoll angelegte und gepflegte Rosengärten und Parkanlagen.

Wir haben Glück, dass zu dieser relativ frühen Tageszeit noch nicht allzu viel Trubel auf dem Gelände herrscht, so können wir uns in Ruhe alles ansehen. Allerdings hat unsere frühe Anwesenheit auch den Nachteil, dass wir auf eine Fahrt mit einem der historischen Züge verzichten müssen, denn diese starten erst später am Tage.

Doch auch so ist es ein interessanter Aufenthalt, den wir aber nach gut zwei Stunden abbrechen, da wir auf unserer Weiterreise nach Nashville, unserem heutigen Etappenziel, noch einen längeren Zwischenstopp einlegen wollen, auf den sich insbesondere die beiden Männer in unserer kleinen Reisegruppe ganz besonders freuen.

Wir verlassen Chattanooga in südlicher Richtung auf der I 24. Während der Fahrt passieren wir gleich zweimal die Staatsgrenze zwischen Tennessee und Georgia, da die Interstate eine Weile südlich verläuft und dann nach einem weit geschwungenen Rechtsbogen wieder in Richtung Nordosten führt, zurück nach Tennessee.

Bei Ausfahrt 127 geht es herunter von der I 24 und wir biegen links auf die US 64, den Veterans Memorial Drive, in Richtung Winchester ab. Die Fahrt geht zügig voran, da auf dieser Strecke nur wenig Verkehr herrscht. Hinter dem Flughafen von Winchester wenden wir uns nach rechts auf den US 41A und kommen unaufhaltsam unserem Ziel näher, während die Straße am Tims Ford Lake vorbeiführt, einem Stausee des Elk River, der den Bewohnern aus der Stadt und dem Umkreis als Erholungs- und Freizeitgebiet dient.

Nach knapp 93 Meilen (ca. 150 km) und gut zweistündiger Fahrt erreichen wir schließlich unser Ziel: Lynchburg in Tennessee.

Diese Kleinstadt mit rund 6000 Einwohnern, von denen nur ca. 400 im eigentlichen Ort leben - die anderen wohnen im umliegenden Moore County -, ist uns aus einer bestimmten Fernsehwerbung gut bekannt. Natürlich wollen wir unbedingt überprüfen, ob diese Werbung auch die Wahrheit verkündet.

Und tatsächlich: In Lynchburg gibt es wirklich nur eine einzige Ampel!

Kenner von Werbung und vor allem eines guten Tropfens wissen jetzt bereits, was wir in Lynchburg besichtigen wollen: Die Whisky-Brennerei „Jack Daniel's".

Doch zunächst biegen wir an der besagten Ampel nach rechts in die Mechanic Street ab und parken am alten Gerichtsgebäude im historischen Teil von Lynchburg, um uns ein wenig die Beine zu vertreten. Die wenigen kleinen Läden wirken, wie der gesamte alte Ortskern, recht verschlafen, nur ein paar Touristen laufen wie wir an den Auslagen vorbei und schauen nach Souvenirs, wobei der Harley-Davidson-Shop noch die meiste Aufmerksamkeit erregt.

Die Brennerei liegt etwas außerhalb des Ortes und so machen wir uns recht bald wieder auf den jetzt nur noch kurzen Weg zum Parkplatz des Besucherzentrums von Jack Daniel's mit der Adresse 179 Lynchburg Highway.

Hier bietet sich uns ein völlig anderes Bild als gerade noch im historischen Ortszentrum. Es wimmelt von Touristen, Autos und Bussen.

Die Destillerie wurde 1866 von Jasper „Jack" Newton Daniel gegründet und gleich in der Eingangshalle des Besucherzentrums stehen wir ihm - besser gesagt seiner überlebensgroßen Statue - gegenüber. Hier erfahren wir auch etwas über sein Leben:

Statue von Jack Daniel

Jack Daniel wurde um 1850 herum als eines von vielen Kindern einer Großfamilie geboren. Seinen genauen Geburtstag kennt niemand. Die Marketing-Strategen der Destillerie haben inzwischen einfach wahllos den gesamten Monat September zum Feiermonat auserkoren.

Jack Daniel führte die Destillerie bis zum Jahre 1907, dann übergab er die Leitung des Unternehmens seinem

Neffen Lem Motlow, denn Jack war nie verheiratet und hatte keine eigenen Kinder.

Heute gehört die Brennerei, die immer noch am Originalplatz an der „Hollow" von Lynchburg steht, zur Brown-Forman-Corporation.

Obwohl er die Firma nicht mehr leitete, hatte Jack Daniel weiterhin ein Büro auf dem Gelände. Eines Morgens kam er sehr früh dorthin und wollte den Tresor öffnen. Leider konnte er sich nicht an die Kombination erinnern. Völlig frustriert versetzte er dem Tresor einen heftigen Fußtritt. Dabei brach er sich einen Zeh und holte sich eine Infektion, die zu einer Blutvergiftung führte, die 1911 Ursache für seinen Tod war.

Jack Daniel ist auf dem Friedhof in Lynchburg beerdigt und an seinem Grab sollen noch heute zwei Stühle stehen (wir waren leider nicht dort). Die seien dort aufgestellt worden, um den vielen Ladies vor Ort, die Jacks Tod betrauerten, etwas Komfort zu bieten.

Wir erfahren, und hier zitiere ich den Brennerei-eigenen Text, dass Jack Daniel seine Destillerie an diesem Platz errichtete, weil das Wasser der hier entspringenden Kalksteinquelle optimal für die Herstellung von Whiskey beschaffen ist; unter anderem ist es völlig eisenfrei. Das Wasser und das von Daniel entwickelte spezielle Holzkohlefilterverfahren, das „Charcoal Mellowing", an dem die Brennerei die Patentrechte besitzt, sorgt für den typischen Geschmack und die Milde des Whiskeys. Bei diesem Filterverfahren sickert der Whiskey ungefähr zwölf Tage lang tropfenweise durch eine etwa drei Meter dicke Schicht aus Holzkohle, die auf dem Gelände der Destillerie aus Zucker-Ahorn hergestellt wird.

Durch diese Filterung werden dem Whiskey die unerwünschten Fettanteile entzogen, die bei jeder Herstellung von Branntwein entstehen, grobe Aromabestandteile werden ausgefiltert, und der Whiskey nimmt Aromen aus der Holzkohle auf. Anschließend wird das Getränk in ausgebrannte Weißeichenfässer abgefüllt. Diese Fässer lagern mehrere Stockwerke hoch in speziellen Gebäuden, den so genannten „Barrel Houses". Nach frühestens vier Jahren wird der Whiskey in Flaschen abgefüllt.

Zur Vorstellung der einzelnen Produkte der Brennerei greife ich auf den deutschen Wikipedia-Eintrag zurück und danke den dortigen Autoren, die sich auf diesem Gebiet offensichtlich perfekt auskennen:

Am bekanntesten ist der sogenannte Black Label (Jack Daniel's Old No.7), der in Deutschland überwiegend in 0,7 l- oder 1,0 l-Flaschen bzw. in den Sondergrößen mit 5 cl-, 35 cl-, 1,75 l- oder 3,0 l Inhalt vertrieben wird. Der Alkoholgehalt der in Deutschland vertriebenen Flaschen wurde von 43% (Ende der 1990er Jahre) auf inzwischen 40% reduziert.

Beim Single Barrel wählt der Master Distiller spezielle Whiskeyfässer aus. Der Inhalt wird unvermischt in Flaschen abgefüllt. Jede Flasche ist handsigniert, mit der Nummer des Fasses versehen, aus dem sie abgefüllt worden ist und hat einen Alkoholgehalt von 45%.

Der Gentleman Jack ist der einzige Whiskey, der zweimal durch die Holzkohle gefiltert wird - einmal vor dem Reifen im Fass und noch einmal danach. Er hat einen Alkoholgehalt von 40%.

Der Green Label ist ein 4-jähriger Whiskey mit 40% Alkoholgehalt, dessen Fässer im Freien gelagert werden. Durch diese Lagerung atmet das Holz der Fässer anders als bei einer Lagerung im Barrel House.

Der Tennessee Honey ist eine Mischung aus Whiskey und einem Honiglikör. Er hat einen Alkoholgehalt von 35%.

Der Jack Daniel's Master Distiller No.1 ist eine weitere streng limitierte Sonderabfüllung von Jack Daniel's, welche zu Ehren der 7 Master Distiller in der Firmenge-

schichte auf den Markt gebracht wird. Es ist die 1. Edition aus einer limitierten Serie, die insgesamt 7 Flaschen um-fasst. Er hat einen Alkoholgehalt von 43%.

So viel zur Theorie, die einen, dem beschriebenen Objekt angemessen, schon ganz benommen machen kann. Wie das alles in der Praxis aussieht wollen wir uns bei einer kostenlosen Führung durch die Destillerie zeigen lassen.

Wir müssen zum Glück nicht lange warten und können uns, nachdem wir zuvor schon auf eigene Faust die Gebäu-de der Brennerei von außen bzw. auch einen Teil des weit-läufigen Geländes erkundet haben, einer Besuchergruppe anschließen. Unser Guide ist selbst Distiller in der Brenne-rei und kennt sich, wie wir bald merken werden, mit der Herstellung von Whiskey perfekt aus. Zunächst führt er uns aber zu der noch original erhaltenen Hütte, in der Jack Daniel einst sein Büro hatte, er zeigt uns den Bach, aus dem das „perfekte" Wasser stammt, und wir sehen einige ältere Lagerhäuser, wo wir uns für das obligatorische Gruppenfo-to aufstellen.

Dann jedoch kommt der wirklich interessante Teil der Führung, denn wir betreten die eigentliche Brennerei.

In der großen, mehrstöckigen Halle verläuft ein Gewirr von Rohren, die zunächst in großen Bottichen enden, die abgedeckt sind. Von diesen Bottichen führen weitere Rohre zu anderen Bottichen, usw. So gelangt das Produkt schließlich über mehrere Stufen in den Endzustand, d.h. zunächst zur Abfüllung in große Fässer, aus denen dann nach der erforderlichen Reifezeit der Whiskey in verkaufsfertige Flaschen abgefüllt wird.

An jeder einzelnen Station erklärt uns der Guide genau, was hier passiert. Da er ein relativ klares Englisch spricht (was bei Amerikanern nicht immer unbedingt der Fall ist), können auch wir seinen Erläuterungen sehr gut folgen.

An einem der großen Bottiche bittet er uns, näher heranzutreten, bevor er den großen Deckel anhebt und uns auffordert, einfach nur einmal einen tiefen Atemzug zu nehmen. Der Effekt ist im wahrsten Sinne atemberaubend: Obwohl wir nur den Geruch des Whiskeys einatmen, haben wir das Gefühl, in diesem Moment ein Glas des Gebräus auf ex zu trinken. Es geht direkt durch bis in den Magen - aber zum Glück nicht auch in den Kopf, denn dann wäre es nach zwei Atemzügen vorbei mit Autofahren.

Die Besichtigungstour endet schließlich in einer Art Präsentationsraum, wo wir auf Holzkisten Platz nehmen und uns die einzelnen Produkte im Endzustand, d.h. verkaufsfertig präsentiert werden.

Doch kaufen können wir sie hier vor Ort nicht. Die strenge amerikanische Gesetzgebung verbietet der Brennerei den Direktverkauf des Whiskeys an die Besucher. Somit wird es nichts mit den erhofften Schnäppchen im „Fabrikverkauf".

Im angrenzenden Souvenirshop könnten wir jedoch leere Jack-Daniel's-Flaschen erwerben - und die sind bei zahlreichen anderen Besuchern offensichtlich sehr begehrt, selbst zum geforderten stolzen Preis von 10 - 12 Dollar.

Wir verzichten darauf und nehmen uns vor, nach der Rückkehr in Deutschland lieber eine volle Flasche zu kaufen.

Es ist bereits später Nachmittag, als wir uns auf die restlichen rund 80 Meilen (129 km) zu unserem heutigen Tagesziel begeben: Nashville/Tennessee.

Wohnen werden wir dort im Comfort Inn Music City, 2407 Brick Church Pike, im Norden der Stadt, nahe der I-65.

Bevor wir nach knapp zweistündiger Fahrt dort eintreffen signalisiert uns ein großes goldenes M, dass es an der Zeit ist, unseren Hunger zu stillen. Nachdem dies geschehen ist, legen wir die kurze Reststrecke zum Motel zurück, checken ein - und tun erst einmal gar nichts mehr.

In der warmen Abendsonne genießen wir es, einfach nur draußen vor der Hotellobby zu sitzen, eine Zigarette zu rauchen und zu entspannen.

Der nächste Tag beginnt mit einem gemütlichen Frühstück im Hotel, denn wir haben keine Eile. Unser Aufenthalt in Nashville wird bis zum nächsten Tag dauern und so nehmen wir uns etwas mehr Zeit für den auch hier recht dünnen Morgenkaffee und planen den Tag.

Nashville, gelegen am Cumberland River, ist seit 1843 die Hauptstadt von Tennessee, ist jedoch nach Memphis nur die zweitgrößte Stadt in diesem Bundesstaat. Zudem gilt Nashville als die Hauptstadt der Countrymusik.

Die Stadt Nashville hat gut 600.000 Einwohner - im Großraum Nashville leben ungefähr 1,6 Millionen Menschen. Anders als man es vermuten würde ist der größte Arbeitgeber die Gesundheits- und nicht die Musikindustrie.

Mehr als 250 Gesundheitsfirmen haben ihren Sitz in Nashville und verfügen gemeinsam über ca. 94.000 Arbeitsplätze, während die Musikindustrie lediglich 19.000 Menschen Arbeit gibt.

Gegründet wurde die Stadt im Jahre 1779 als Fort Nashborough von James Robertson und einer Gruppe von Wataugans, einer halb-autonomen Regierungsvereinigung von Grenzsiedlern, die sich 1772 gründete und nach dem Fluss Watauga benannte. Diese Gruppe bildete quasi die Basis für die spätere Gründung des Staates Tennessee. James Robertson lebte von 1742 bis 1814 und war Forscher, Soldat und Indianeragent. Er war ein früher Wegbegleiter von Daniel Boone und später einer der Gründungsväter von Tennessee.

Er starb in Memphis, wurde aber einige Jahre später auf den Stadtfriedhof von Nashville umgebettet. Ein US-Kriegsschiff im 2. Weltkrieg trug seinen Namen.

Seine Schwester Anne Robertson Johnson Cockrill war die erste Frau, der ein eigenes Stück Land in Tennessee zugesprochen wurde. Nach ihrem Tod wurde sie ebenfalls auf dem Stadtfriedhof von Nashville beigesetzt. Auf ihrem damaligen Grundbesitz in Nashville befindet sich heute der Centennial Park in der Nähe des Universitätscampus; hier steht auch ein Denkmal für sie.

Wie schon erwähnt, ist Nashville das Zentrum der Country-Musik, die Stadt wird deswegen „Music City USA" genannt. Zahlreiche Musikverlage und Plattenfirmen haben hier ihre Studios. Legendär ist u.a. das Studio B von RCA, in dem zahlreiche Hits aufgenommen wurden. Die Country Music Association CMA hat in Nashville ihren Hauptsitz und die Verleihung der CMA Awards ist in jedem Jahr eines der größten Ereignisse in ganz Tennessee. Musikkenner werden wissen, dass die Gitarrenfirma Gibson Guitar Corporation ebenfalls in dieser Stadt ansässig ist.

Aus Nashville wird seit 1925 die Liveshow Grand Ole Opry gesendet, das älteste noch existierende amerikanische Radio-Musikprogramm, das mittlerweile auch im Fernsehen übertragen wird. Bis 1974 fanden die Konzerte im legendären Ryman Auditorium statt, jetzt wird aus dem etwas außerhalb der Innenstadt am Cumberland River gelegenen Entertainment-Komplex Opryland gesendet.

Ein Hauch von Athen umweht Nashville, denn seit 1897 steht in dieser Stadt, und zwar mitten im schon erwähnten Centennial Park, 2500 West End Avenue, ein maßstabsgetreuer Nachbau des Parthenon. Der ursprünglich provisorische Bau, der anlässlich einer Ausstellung errichtet wurde, wurde in den 1920er Jahren durch eine Stahlbetonkonstruktion ersetzt. Heute ist hier eine Kunstgalerie untergebracht. Die im wahrsten Sinne größte Attraktion ist eine Statue der Athene, die 1990 hier aufgestellt wurde und als größte Skulptur der westlichen Welt gilt, die sich innerhalb eines Gebäudes befindet.

Parthenon in Nashville

Das derzeit höchste Gebäude der Stadt, das 192 m hohe AT&T Building, wurde 1994 fertiggestellt.

Auch die Country Music Hall of Fame ist in Nashville. Und da sich in unserer Reisegruppe ein großer Fan der

Country-Musik befindet, liegt es natürlich auf der Hand, dass unser erster Weg heute dorthin führen wird.

Der Weg nach Downtown ist nicht weit. Es geht knapp vier Meilen (etwa 6 km) in südlicher Richtung auf der I 24 bis zur Shelby Avenue. Diese mündet in den Korea Veterans Boulevard und führt über den Cumberland River vorbei am West Riverfront Park. Kurz darauf biegen wir links ab in die Demonbreun Street und finden in einer der kleinen Nebenstraßen sogar relativ schnell einen Parkplatz. Von hier ist es nur noch ein kurzer Fußweg zum „Mekka aller Country-Musik-Fans".

Die Country Music Hall of Fame wurde 1961 von der oben bereits erwähnten CMA gegründet, um die kulturellen Errungenschaften der Country-Musik zu bewahren.

Zunächst gab es die Country Music Hall of Fame quasi nur virtuell und auch bei uns in Europa ist die Country Music Hall of Fame eher besser bekannt als Institution, die verdiente Persönlichkeiten der Country-Musik ehrt und würdigt. Es gilt als höchste Auszeichnung, in diese Institution aufgenommen zu werden. Allerdings ist es im Allgemeinen so, dass Künstler, Songwriter und Produzenten erst am Ende ihrer Karriere oder postum berücksichtigt werden, so dass einige Stars es gar nicht mehr erlebt haben, dass sie in die Hall of Fame aufgenommen wurden.

Einer der ersten, der 1961 ausgezeichnet wurde, war übrigens Hank Williams. Ihm folgten bis heute unter anderem: Gene Autry, Hank Snow, Johnny Cash, Loretta Lynn, Roy Rogers, Willie Nelson, Elvis Presley, Tammy Wynette, Dolly Parton, Charley Pride, die Everly Brothers, Don Gibson, Kris Kristofferson, Glen Campbell, Emmylou Harris, Garth Brooks, Kenny Rogers und viele andere.

1967 wurde ein „reales" Museumsgebäude in der Music Row in Nashville gebaut, das dann 2001 durch einen Neubau ersetzt wurde.

Dieses neue Gebäude der Country Music Hall of Fame and Museum ist imposant und passt perfekt zur modernen Skyline von Downtown Nashville. Es liegt nur einen Block vom Broadway im Zentrum der Stadt.

Wegen seiner außerordentlichen Sammlung wird es scherzhaft auch das Smithsonian Museum der Country Musik genannt. Inzwischen verfügt es über eine Fläche von knapp 107.000 m² und bietet neben dem eigentlichen Museum auch Platz für Kunstgalerien, Archive, Unterrichtsräume, Ladenlokale sowie Räume für besondere Ereignisse.

Die Kernausstellung „Sing Me Back Home: A Journey Through Country Music" lässt die Besucher eintauchen in die Geschichte und Klänge der Country-Musik, sie zeigt und erklärt deren Ursprünge und Traditionen, gibt die Geschichten und Stimmen vieler ihrer Protagonisten wider. Die Geschichte wird lebendig gemacht durch unzählige Ausstellungsstücke, Fotos, Texttafeln, Tonwiedergaben, Videos, interaktive Touchscreens, und, und, und… Zahlreiche Stars trugen mit persönlichen Gegenständen zur Gestaltung der Ausstellung bei.

Selbstverständlich investieren wir knapp 20 Dollar pro Person, um diesen Ruhmestempel der Country-Musik zu besichtigen.

Die Vielzahl der Exponate ist wirklich erschlagend. Man muss schon ein wahrer Fan sein, um sich jedes einzelne Stück der Ausstellung anzusehen. So beschränken wir uns auf die Stars dieser Musikrichtung, die auch uns ein Begriff sind, doch auch hierfür benötigen wir bereits gut drei Stunden Zeit.

Nach dem abschließenden Gang durch den obligatorischen Souvenirshop stürzen wir förmlich ins Freie und genießen auf einer Bank auf dem Vorplatz des Museums erst einmal ausgiebig die warme Sonne - und eine wahrlich verdiente Zigarette (zugegeben auch zwei oder drei).

Nach einiger Zeit fühlen wir uns wieder fit für einen Spaziergang durch die Stadt. Wir lassen uns einfach treiben, ohne die bei anderen Erkundungsgängen übliche Hetze. Dabei ist natürlich auch das immer wieder vergnügliche „Leutegucken" angesagt.

Irgendwann meldet sich auch der Hunger. Da es bereits früher Abend ist, beschließen wir ins Hotel zurückzufahren und auf dem Weg dorthin etwas zu essen. Dafür legen wir den obligatorischen Stopp unter dem goldenen M ein - geht halt am schnellsten.

Nach einer erfrischenden Dusche und erholsamen Pause im Hotelzimmer fahren wir am Abend zurück nach Downtown.

Beim nachmittäglichen Bummel über den Broadway waren uns die dort ansässigen zahlreichen Musikkneipen sofort aufgefallen und nun wollen wir uns die eine oder andere davon auch von innen ansehen.

Weil die Livemusik der Band, die man von draußen durch das große Fenster spielen sehen kann, sehr gut klingt, fällt unsere Wahl zunächst auf das Legends Corner, 428 Broadway, Nashville, TN 37203.

Obwohl die Kneipe sehr voll ist ergattern wir einen Tisch im vorderen Bereich gegenüber dem Tresen. Nachdem wir unsere Bestellung aufgegeben haben nutzen wir die Wartezeit, um uns den Laden näher anzusehen. Alle Wände sind vom Boden bis zur Decke dekoriert mit Original-Schallplattencovern, dazwischen hängen alle denkbaren Memorabilien berühmter Stars, nicht nur der Country-Szene. Da gibt es fünf Original Elvis Presley 78er Schallplatten, die er bei Sun Records aufgenommen hat, einen ganzen Satz von Puppen der Gruppe KISS und eine 12-saitige Gitarre von Johnny Cash, die er handsigniert hat.

Die meisten der Plattencover, die an den Wänden hängen, sind Erstveröffentlichungen. Außerdem gibt es unzählige Musikinstrumente aus aller Welt, darunter ein Original-Didgeridoo aus Australien und eine Balalaika aus Russland.

Die Live-Band spielt weiterhin tolle Musik, das Bier bzw. die Cola haben die perfekte Temperatur und schmecken, das Personal und die anderen Gäste machen einen netten Eindruck, die Einrichtung ist mehr als interessant - schnell sind wir uns einig, dass wir an diesem Abend keinen Ortswechsel mehr vornehmen, sondern irgendwann nur noch zurück ins Hotel fahren werden.

Das Legends Corner in Nashville

Dass, wie wir später erfahren, das Legends Corner schon mehrfach zur besten Country-Kneipe in Nashville gewählt wurde, überrascht uns nach diesem Abend nicht mehr.

Wer es selbst erleben und genießen möchte: Das Legends Corner hat täglich von 11:00 Uhr morgens bis 2:00 Uhr nachts geöffnet.

Nach einem besonders tiefen erholsamen Schlaf (lag's am Alkohol oder der beschwingten Laune?) gönnen wir uns zunächst ein ausgedehntes gemütliches Frühstück im Hotel.

Für die heute bevorstehende Etappe von nur gut 330 Kilometern bis Memphis/Tennessee können und wollen wir uns Zeit lassen. Entsprechend „spät" brechen wir gegen 9 Uhr vom Hotel auf. Da es in Nashville für uns nicht mehr viel zu sehen gibt und zudem alle begehrten Souvenirs gekauft sind, verlassen wir die Stadt in südwestlicher Richtung auf der I-65.

Ein letztes Mal geht es über den Cumberland River und nachdem wir das Gelände der Tennessee State University passiert haben, wird die Straße zur I-40 und schon bald liegt die Großstadt hinter uns.

Die Fahrt geht zügig voran, die Landschaft zieht an uns vorbei, ohne dass die Kulisse großartig wechseln würde. Große landwirtschaftliche Nutzflächen wechseln mit kleinen Orten oder einzelnen Farmen. Wir nutzen die Zeit, um ein wenig im Reiseführer zu blättern und erfahren, dass die Interstate 40 zwischen Nashville und Memphis nicht irgendeine Straße ist - nein, wir befinden uns auf dem Music Highway. Denn so wurde 1997 der ungefähr 220 Meilen (ca. 354 km) lange Abschnitt der I-40 zwischen der Ostgrenze des Davidson Countys und dem Mississippi im Shelby County - vereinfacht gesagt die Strecke zwischen Nashville und Memphis - vom Staat Tennessee offiziell benannt. Die Widmung kam nicht von ungefähr, schließlich sind Nashville und Memphis berühmt für ihre musikgeschichtliche Bedeutung. Außerdem liegen in der Nähe dieses Abschnitts der I-40 weitere bekannte Orte wie z.B. Jackson oder Nutbush.

Nachdem wir eine Weile so unterwegs sind, meldet sich der natürliche Nikotinbedarf bei unseren Rauchern und wir beschließen, den nächsten Rastplatz anzusteuern und so biegen wir schließlich bei Meile 170, unterhalb der Stadt Dickson, auf die hier befindliche „Rest Area" ab.

Nichts hätte unserem Country-Musik-Fan Jürgen in diesem Moment eine größere Freude machen können, als eine Zigarette auf genau diesem Rastplatz zu rauchen.

Denn wir stoppen unseren Wagen fast direkt unter dem großen Namensschild: „Johnny Cash Rest Area".

Da dauert die Pause dann auch mal etwas länger.

Im Herzland der Country Music

Auch die anderen Rastplätze an diesem Abschnitt der I-40 sind nach berühmten Stars der Country Music benannt, doch einen weiteren steuern wir während unserer Fahrt nicht mehr an.

Stattdessen legen wir gut gelaunt Meile um Meile zurück und kommen dabei unserem heutigen Tagesziel Memphis immer näher.

Memphis ist die größte Stadt im US-Bundesstaat Tennessee und Sitz der Verwaltung des Shelby County. Die Stadt mit ungefähr 645.000 Einwohnern liegt südwestlichsten Zipfel von Tennessee am Ostufer des Mississippi und grenzt im Westen an den Bundesstaat Arkansas und im Süden an den Bundesstaat Mississippi.

Für Musikfans in aller Welt ist Memphis ein sehr wichtiger Ort. Hier entwickelten sich die Musikstile Blues und Soul, vor allem aber auch der Rock 'n' Roll. Es gibt zahlreiche Songs über Memphis, u.a. Memphis Tennessee von Chuck Berry oder Marc Cohns berühmtes „Walking in Memphis", das mir während unserer Fahrt nicht aus dem Kopf gehen will und dessen Text viele Aussagen über diese Stadt enthält:

Put on my blue suede shoes
And I boarded the plane
Touched down in the land of the Delta Blues
In the middle of the pouring rain

W.C. Handy
Won't you look down over me
Yeah, I got a first class ticket
But I'm as blue as a boy can be

Then I'm walking in Memphis
Was walking with my feet, ten feet off of Beale
Walking in Memphis
But do I really feel the way I feel

Saw the ghost of Elvis
On Union Avenue
Followed him up to the gates of Graceland
Then I watched him walk right through

Now security they did not see him
They just hovered 'round his tomb
But there's a pretty little thing, waiting for the king
Down in the Jungle Room

When I was walking in Memphis
I was walking with my feet, ten feet off of Beale
Walking in Memphis
But do I really feel the way I feel

They've got catfish on the table
They've got gospel in the air
And Reverend Green, be glad to see you
When you haven't got a prayer

Boy, you got a prayer in Memphis

Now Muriel, plays piano
Every Friday at the Hollywood
And they brought me down to see her
And they asked me if I would

To do a little number
And I sang with all my might
She said, "Tell me are you a Christian child?"
And I said, "Ma'am, I am tonight"

Walking in Memphis
(Walking in Memphis)
I was walking with my feet, ten feet off of Beale
Walking in Memphis
(Walking in Memphis)
But do I really feel the way I feel

Put on my blue suede shoes
And I boarded the plane
Touched down in the land of the Delta Blues
In the middle of the pouring rain
Touched down in the land of the Delta Blues
In the middle of the pouring rain

Der Text macht deutlich, dass Marc Cohn ein Memphis-Experte ist, denn er nimmt auf viele Dinge, die mit der Stadt in engem Zusammenhang stehen, Bezug: Elvis Presley lebte hier, die Beale Street ist quasi die Vergnügungsmeile der Stadt, ein Zentrum des Blues, mit zahlreichen Kneipen und Clubs - auch B.B. King besaß hier einen Club.

W.C. Handy schrieb 1909 den Memphis Blues, der als eines der ersten notierten Blues-Stücke der Welt gilt.

Al Green, der im Duett mit Annie Lennox den Song Put a little love in your heart für den Film Die Geister, die ich rief (mit Bill Murray) gesungen hat, gründete die christliche Kirche Church of the Full Gospel Tabernacle in Memphis. Hier predigt er sonntags und singt gemeinsam mit einem Gospel-Chor.

Unzählige bekannte Namen der Musikgeschichte sind mit Memphis untrennbar verbunden, sei es weil sie hier geboren wurden oder weil sie hier lebten, u.a. Johnny Cash, Petula Clark, Aretha Franklin, Jerry Lee Lewis, Roy Orbison, Elvis Presley, Dusty Springfield und ZZ Top.

Die Musikindustrie ist noch immer ein großer Wirtschaftszweig der Stadt, doch der größte Arbeitgeber ist inzwischen die auch bei uns bekannte Transportfirma FedEx.

Die Gründung der Stadt erfolgte im Jahre 1819 durch den General und US-Präsidenten Andrew Jackson, General James Winchester und den Richter John Overton. Sie benannten die Stadt nach der Hauptstadt des antiken Ägyptens Memphis.

An diese geschichtliche Verbindung soll die riesige weithin sichtbare Memphis Pyramid an der Auction Avenue am Ufer des Mississippi erinnern, die 1991 als Veranstaltungszentrum mit mehr als 20.000 Plätzen gebaut wurde. Sie ist die sechstgrößte Pyramide der Welt und lange Zeit stand auch eine Statue von Pharao Ramses davor. Inzwischen wird sie zu einem Megastore der „Bass Pro Shop"-Kette umgebaut, die sich auf den Verkauf von Angel-, Fischerei-, Jagd- und Campingbedarf spezialisiert hat.

Durch die verkehrstechnisch günstige Lage am Mississippi und die fruchtbaren Böden rings um die Stadt entwickelte sich Memphis zu einem Handelszentrum, speziell der Baumwollindustrie. In Memphis standen zeitweise die größten Baumwollspeicher der Welt. Außerdem nutzten viele Pioniere und Händler, die sich weiter in den amerikanischen Westen orientierten, die Stadt als Basislager und Aufenthaltsort. Die dunkle Seite der Entwicklung des Baumwollhandels war jedoch, dass Memphis gleichzeitig auch zu einem Zentrum des amerikanischen Sklavenhandels wurde.

Dies bringt uns zu einem anderen Ereignis der jüngeren Weltgeschichte, für das Memphis traurige Berühmtheit erlangte: Am Abend des 4. April 1968 wurde der schwarze Bürgerrechtler und Friedensnobelpreisträger Martin Luther King auf dem Balkon des Lorraine Motels erschossen. In dem Gebäude befindet sich heute ein Museum für Bürgerrechte.

Gegen Mittag erreichen wir aus nordöstlicher Richtung kommend die Außenbezirke der Stadt. Wir wechseln auf die I 240 nach Süden. Diese Straße führt halbkreisförmig um das Stadtzentrum herum, so dass wir nach einiger Zeit wieder in westlicher Richtung weiterfahren. An der Kreuzung mit der Interstate 54 verlassen wir den Highway und wechseln auf die 51, doch die Nummer dieser Straße interessiert sicherlich nur sehr wenige Menschen, die als Touristen hierher kommen. Ihr Name aber umso mehr, denn es ist der Elvis Presley Boulevard.

Vorbei an Taco Bell, KFC und allen anderen einschlägigen Fast Food Restaurants, Motels, Tankstellen, etc. gelangen wir auf direktem Wege zu dem Hotel, das uns für die kommenden zwei Nächte beherbergen wird: Elvis Presley's Heartbreak Hotel, 3677 Elvis Presley Boulevard. Es befindet sich direkt gegenüber von Graceland, dem ehemaligen Wohnsitz des „King of Rock'n'Roll"

Wir finden schnell einen Parkplatz am Hotel, dessen Bauweise entfernt an ein Wildwest-Fort erinnert. Schon in der Lobby bekommen wir eine Ahnung dessen, was uns erwartet: Überall befinden sich Elvis-Fotos und Erinnerungsstücke an den King.

Das Einchecken gestaltet sich unkompliziert und nach kurzer Zeit betreten wir unsere Zimmer - ich korrigiere, unsere Suiten. Denn was sich da beim Öffnen der Tür vor uns ausbreitet, kann wahrlich so bezeichnet werden. Hinter einem geräumigen Vorraum mit großem Bett erstreckt sich ein noch geräumigeres Schlafzimmer mit zwei Queen-Size-Betten, über denen jeweils ein großes Schwarzweißfoto des King hängt. Selbst das Bad ist eine Nummer größer als in allen Hotels, in denen wir bisher auf unserer Reise genächtigt haben.

Hier kann man es aushalten, denn sogar eine kleine Pantry-Küche mit Kaffeemaschine, Kühlschrank und Mikrowelle ist vorhanden.

Abgerundet wird der luxuriöse Eindruck von einem großen Flachbildfernseher, der sich im Schlafzimmer befindet. Wie wir bald feststellen, ist eins der unzähligen Programme genau das richtige für die vielen Hardcore-Elvis-Fans, die hier Quartier nehmen, denn rund um die

Uhr laufen auf diesem Kanal die Spielfilme und Shows des King.

Im Innenhof dieses Hotels, das auf 5 Etagen über insgesamt 128 Zimmer verfügt, präsentiert sich uns beim Blick aus dem Zimmerfenster ein weiteres Highlight: Der herzförmige Swimming-Pool!

Da wir das Eintauchen in das Elvis-Spektakel kaum erwarten können, entscheiden wir uns nach einer kurzen Erholungspause für eine Besichtigung von Graceland.

Dazu begeben wir uns vom Hotel nur wenige Meter nach rechts, wo sich ein großes Gebäude befindet, in dem sowohl die Schalter für den Eintrittskartenverkauf als natürlich auch ein großer Souvenirshop untergebracht sind. Durch einen Zaun hinter dem Gebäude fällt der Blick auf das Elvis-Freilichtmuseum; hier sind u.a. sein großer Privat-Jet, den er nach seiner Tochter „Lisa-Marie" benannte, sowie ein etwas kleineres, ebenfalls von Elvis benutztes Flugzeug ausgestellt. Obwohl uns diese nicht unbedingt interessieren, entscheiden wir uns dennoch für die sogenannte Platin-Tour, die auch die Besichtigung der Flugzeuge und der Autosammlung des King umfasst. Wir können ja schließlich später noch entscheiden, ob wir auch den Teil des Geländes besichtigen möchten.

Wir verteilen uns auf mehrere Warteschlangen an den Ticketschaltern. Der Eintrittspreis (in 2004) ist angekündigt mit 22,00 USD für einen Erwachsenen. Entsprechend will ich mit einem 20-Dollar-Schein und zwei 1-Dollar-Scheinen bezahlen, doch die freundliche Dame an der Kasse gibt sich bereits mit dem 20-Dollar-Schein zufrieden und gibt mir sogar noch 20 Cent zurück. Sie hat mich offensichtlich für jünger gehalten als ich bin, denn sie hat lediglich den Studententarif von 19,80 USD berechnet.

Als ich dies meinen Freunden, die jeder die üblichen 22,00 USD bezahlt haben, berichte, ernte ich hämisches

Grinsen und sie bedeuten mir, nochmals auf die Preistafel zu sehen. Meine gute Laune verschwindet schlagartig für kurze Zeit: 19,80 USD ist auch der Seniorentarif!

Obwohl sie mich heute noch manchmal damit aufziehen - ich bleibe dabei, dass mir der Studententarif berechnet wurde!

Mein „Studententicket" für Graceland

Nach einem kurzen Durchstöbern des riesigen Souvenirangebots im Shop begeben wir uns hinaus zur Bushaltestelle, denn man kann nicht einfach über die Straße laufen und das Graceland-Gelände betreten.

Alle Besucher - und somit nach kurzer Wartezeit auch wir - werden in Kleinbusse verfrachtet, die fast im Minutentakt die wenigen Meter zum Anwesen des King hinüber pendeln.

Unser Bus hält fast direkt vor der Eingangstür des ehemaligen Wohnhauses. Hier erleben wir die erste Überraschung: Entgegen unserer Erwartungen ist dies keine riesige und protzige Villa. Zwar wird der Eingang von einer imposanten Säulenkonstruktion überdacht, doch dahinter befindet sich ein eher schlicht erscheinendes, typisch amerikanisches Wohnhaus.

Das Wohnhaus von Elvis Presley

Das riesige, gut 202 Hektar große Grundstück mit dem bereits dort errichteten Wohnhaus wurde von Elvis Presley im Jahre 1957 für 100.000 Dollar erworben.

Graceland war immer sein Hauptwohnsitz, hier verbrachte er die meiste freie Zeit mit Familie und Freunden. Und hier wurde er am 16. August 1977 auch tot aufgefunden; er wurde nur 42 Jahre alt.

Seine Erben haben 1982 den Besitz für die Öffentlichkeit zugänglich gemacht und seitdem ist Graceland DIE Pilgerstätte für Elvis-Fans aus der ganzen Welt.
Seit November 1991 steht die Anlage sogar unter Denkmalschutz.

Da der Einlass der Besuchergruppen exakt auf die Ankunft der Busse abgestimmt ist, können wir das Haus sofort betreten und sind wiederum überrascht. Wir stehen in einem schmalen kurzen Flur, von dem eine ebenso schmale

Treppe in die obere Etage führt. Rechts von diesem Flur liegt das ehemalige Wohnzimmer, dahinter, getrennt durch eine Buntglaswand mit Durchgang, steht ein Flügel. Die Räume sind relativ klein und so eingerichtet, wie wir uns das bei typischen Amerikanern vorstellen.

Auf der linken Seite des Flurs befindet sich das Esszimmer, ebenfalls nicht sehr groß, mit einem fast überdimensionierten gedeckten Esstisch. Unser Audioguide, den wir im Bus bekommen haben, versichert uns immer wieder, dass es sich bei sämtlichen Gegenständen im Haus um Original-Elvis-Besitz handelt.

Die Treppe nach oben darf von den Besuchern nicht betreten werden, die Räume im Obergeschoss sind für die Öffentlichkeit nicht zugänglich. Das leuchtet uns schnell ein, denn es hält sich ja bis heute das hartnäckige Gerücht, Elvis würde noch leben. Also stellen wir ihn uns vor, wie er dort oben sitzt, eine Additionsmaschine vor sich auf dem Tisch, und den lieben langen Tag fast ununterbrochen immer wieder die gleichen Summen einbucht: 22 USD, 22 USD, 19,80 USD, 19,80 USD, 19,80 USD.......

Inzwischen, im Jahre 2017, beträgt der Eintrittspreis für die einfache Tour, so wie wir sie gemacht haben, bereits 38,75 USD für einen Erwachsenen bzw. 34,90 USD für Studenten und Senioren.

Lt. offiziellen Angaben belaufen sich allerdings die jährlichen Unterhaltskosten für das Anwesen auf ca. 500.000 USD und die müssen schließlich erwirtschaftet werden. Das dürfte bei rund 600.000 Besuchern im Jahr jedoch nicht allzu schwierig sein. Schon seit unserer Ankunft im Hotel wurden wir das Gefühl nicht los, dass Graceland und alles darum herum eine Gelddruckmaschine ist.

Sei es wie es sei, wir haben uns entschieden, ein Teil davon zu sein, und setzen die Besichtigung des Hauses fort. Im Laufe der Jahre wurden zahlreiche Anbauten geschaffen, so dass das Gebäude recht verwinkelt ist. Doch wir schaffen es und gelangen nach den Wohnräumen und der Küche schließlich in den Jungle Room, zu Lebzeiten angeblich der Lieblings-Aufenthaltsort des King. Der Raum wird von einer riesigen Wohnlandschaft dominiert, an den Wänden befinden sich zahlreiche Fernseher und Musikanlagen. Hier hat Elvis im Februar und Oktober 1976 auch seine beiden letzten Alben aufgenommen.

Im Keller besichtigen wir noch den Fernseh- und Billardraum mit Bar, dann verlassen wir das Gebäude durch den Hinterausgang.

In einem Nebengebäude befindet sich die „Trophäensammlung" des King, eine wirklich imposante Ausstellung mit unzähligen Exponaten aus seinem Leben. Die Wände sind fast vollständig mit Goldenen Schallplatten und anderen Auszeichnungen bedeckt, es werden seine legendären Bühnenkostüme gezeigt, ein Modell seines Geburtshauses in Tupelo ist zu besichtigen, und, und, und.... Man wird von all dem fast erschlagen.

Gezeigt werden auch einige ehemalige Einrichtungsgegenstände des Wohnhauses, so z.B. ein großes Plüschbett oder ein pinkfarbenes Sofa. - Nun, über Geschmack lässt sich nicht streiten…

Irgendwann sind wir wieder an der frischen Luft und schlendern nach einer kleinen Erholungspause an der Rückseite des Gebäudes, oder besser gesagt und wie erst jetzt richtig zu erkennen ist, des Gebäudekomplexes aus Haupthaus und zahlreichen Anbauten und Nebengebäuden, entlang.

Links fällt der Blick auf das weitläufige Außengelände des Anwesens, auf einer Weide stehen einige Pferde, die von dem Trubel der vielen Besucher vollkommen unbeeindruckt sind.

Schließlich gelangen wir zu dem recht bescheidenen Swimmingpool und direkt dahinter befindet sich das wahre Ziel eines jeden echten Elvis-Fans: Die Grabstätte des King.

Und dann stehen wir vor vier im Halbkreis angeordneten, mit Granit eingefassten Gräbern, jedes mit einer großen dunklen Marmorplatte und Goldbuchstaben versehen. Etwas abseits daneben ist eine ebenso gestaltete kleine Gedenktafel in den Rasen eingelassen. Diese ist dem bereits bei der Geburt gestorbenen Zwillingsbruder von Elvis, Jessie Garon Presley, gewidmet.

Das erste Grab im Halbkreis ist die Ruhestätte von Gladys Love Smith Presley, Elvis Mutter, die am 14. August 1958 im Alter von nur 46 Jahren starb und auf ausdrücklichen Wunsch des King hier begraben wurde.

Neben ihr ist ihr Mann Vernon Elvis Presley begraben. Er überlebte seine Frau um mehr als 20 Jahre und starb am 26. Juni 1979 mit 63 Jahren.

Dann folgt das stets von Fans mit frischen Blumen geschmückte Grab des King: Elvis Aaron Presley, geboren am 8. Januar 1935, gestorben am 16. August 1977.

Die letzte Ruhestätte des King

Dem im goldenen Lettern gegebenen Hinweis, dass er der Sohn von Gladys Love und Vernon Elvis sowie der

Vater von Lisa Marie war, folgt eine Aufzählung seiner Lebensleistungen, eingeleitet mit den (übersetzten) Worten: „Er war ein kostbares Geschenk Gottes, das wir von Herzen verehrt und geliebt haben. Er hatte ein von Gott gegebenes Talent, das er mit der Welt geteilt hat und das zweifellos von fast allen anerkannt wurde."

Angesichts des Besucherandrangs, der hier auch so lange Zeit nach seinem Tod herrscht, haben diese Worte durchaus ihre Berechtigung.

Im letzten Grab in der Reihe ruht Minnie May Presley, die Großmutter von Elvis. Sie starb am 8. Mai 1980, gut einen Monat vor ihrem 90. Geburtstag.

Trotz der zahlreichen Menschen, die sich zum Zeitpunkt unseres Besuches ebenfalls hier aufhalten, herrscht eine dezente Stille. Manche stehen lange andächtig vor dem Grab des King, andere gehen schweigend umher oder unterhalten sich mit gedämpfter Stimme. Man spürt, dass es für jeden ein außergewöhnlicher Moment im Leben ist, hier am Grab des King of Rock'n'Roll zu stehen und ich gestehe, auch wir können uns dem nicht wirklich entziehen. Elvis Presley ist ein wichtiger Bestandteil der jüngeren Musikgeschichte, er hat mit seinen Liedern eine Spur in unserem Leben hinterlassen. Ich kenne niemanden, der nicht wenigstens einen Song von Elvis auf Anhieb zumindest anstimmen könnte.

Die allmählich immer tiefer stehende Sonne gibt uns einen dezenten Hinweis, dass es an der Zeit ist, King Elvis und Graceland zu verlassen.

Auch das immer lauter werdende Magenknurren erinnert uns daran, dass wir seit dem Frühstück nichts mehr gegessen haben. Inzwischen ist es später Nachmittag und wir begeben uns zur Bushaltestelle vor dem Haus.

Kurz darauf finden wir uns erneut im Souvenirshop wieder. Selbstverständlich investieren wir hier einen Teil unseres Reisegeldes - schließlich wollte ich schon immer eine Kopie des Führerscheins von Elvis besitzen!

❖❖❖

Nach einer Ruhepause auf unseren Zimmern und einer erfrischenden Dusche fahren wir am frühen Abend nach Downtown Memphis, um etwas zu essen und natürlich auch, um einen Spaziergang auf der Beale Street zu machen.

Die Beale Street in Memphis

Diese 2,9 km lange Straße führt vom Mississippi bis zur East Street. Sie gilt als die „Heimat des Blues" und ist heute eine der größten Touristenattraktionen in Memphis. Die Straße wurde 1841 als Beale Avenue errichtet und nach einem unbekannten Kriegshelden benannt. Während des amerikanischen Bürgerkrieges hatte General Ulysses S. Grant hier zeitweise sein Hauptquartier.

Anfang des 20. Jahrhunderts war die Beale Street ein Vergnügungszentrum mit Spielhöllen, Saloons, Prostitution und Kriminalität.

Sie wurde aber auch das Zentrum der schwarzen Musik der USA. Im September 1912 komponierte W. C. Handy hier seinen ersten erfolgreichen Blues, den Memphis Blues. Zahlreiche berühmte Blues- und Jazzmusiker wie Louis Armstrong, Muddy Waters, B. B. King und viele andere traten in der Beale Street auf und trugen zur Entwicklung des Memphis Blues bei.

1966 wurde ein Teil der Beale Street von der Main Street bis zur 4th Street zur National Historic Landmark erklärt. Im Jahr 1977 wurde die Straße vom Kongress offiziell zum „Home of the Blues" ernannt.

Berühmt ist vor allem das Beale Street Music Festival, doch dieses können wir bei unserem Besuch nicht erleben, denn es findet jedes Jahr am ersten Maiwochenende im Tom-Lee-Park am Ende der Beale Street statt.

So spazieren wir nach einem stärkenden Abendessen gemeinsam mit unzähligen anderen Touristen über diese Straße, u.a. vorbei am Hard Rock Café, B. B. King's Blues Club und dem FedExForum und machen natürlich einen Abstecher ins Kaufhaus A. Schwab's.

In dem zum Gedenken an Handy eingerichteten „W.C. Handy Park" machen wir dann noch eine entspannende Pause und schauen dem regen Treiben auf der Straße zu, bevor wir zu unserem Wagen zurückkehren, zum Hotel fahren und schließlich in einen erholsamen Schlaf fallen.

Am nächsten Morgen sind wir frisch und munter. Dennoch lassen wir es langsam angehen und gönnen uns zuallererst einen selbst gekochten Kaffee aus unserer Miniküche, der sogar richtig gut schmeckt; natürlich gibt's eine Zigarette dazu, beides genossen auf dem Balkon vor unserem Zimmer.

Gestärkt mit einem guten kontinentalen Frühstück im Hotel machen wir uns am späteren Vormittag erneut auf den Weg in die Innenstadt.

Wir parken am Civic Center in der Nähe des Mississippi-Ufers. Von hier ist unser Ziel nicht mehr allzu weit entfernt: Mud Island, eine Insel, die mit dem Mud Island River Park mehrere Attraktionen bietet, unter anderem ein Amphitheater mit 5000 Plätzen, ein Mississippi-Museum und eine maßstabsgetreue Nachbildung des Mississippi, den Riverwalk, den wir uns ansehen wollen.

Zur Insel hinüber gelangt man über eine 518 m lange Brücke, die so genannte Skybridge, entweder zu Fuß, oder mit einer unter dem Fußweg installierten Monorail-Bahn.

Ein Stück der Skybridge

Obwohl wir bisher in diesem Urlaub schon viele Kilometer gelaufen sind (und auch noch laufen werden), entscheiden wir uns für den Spaziergang. Der Grund dafür ist jedoch nicht, dass wir für die Benutzung der Monorail-Bahn bezahlen müssten, wir wollen einfach länger die Aussicht genießen.

Der Besuch von Mud Island selbst und des Riverwalks ist kostenlos. Kauft man ein Ticket für das Fluss-Museum, so ist die Fahrt mit der Monorail-Bahn bereits darin enthalten.

Die Insel ist aber auch per Fähre und sogar mit dem Auto erreichbar.

Von der Brücke haben wir einen phantastischen Rundumblick sowohl auf die hinter uns liegende Downtown von Memphis als auch auf die rechts von uns befindliche, bereits erwähnte imposante Memphis Pyramid.

Ebenso beeindruckend ist die den Fluss überspannende Hernando de Soto Bridge, auf der die Interstate 40 auf einer Gesamtlänge von 5954 Metern sechsspurig verläuft. Die lichte Höhe der Brücke beträgt 33 m und die längste Spannweite weist beträchtliche 274 Meter auf. Wir können auf der Brücke auch das Schild erkennen, das anzeigt, dass man hier nicht nur den Mississippi überquert, sondern auch vom Bundesstaat Tennessee nach Arkansas wechselt, denn die Staatsgrenze verläuft mitten durch den Fluss.

Die Bögen der Hernando de Soto Bridge

Unser Spaziergang nach Mud Island endet zunächst im dortigen Riverside Visitor Center, wo wir im Foyer von einer überlebensgroßen Elvis-Presley-Bronzestatue begrüßt werden. Diese Statue war 1980 ursprünglich an der Beale Street aufgestellt worden, doch immer wieder entwendeten Fans die Gitarrensaiten oder andere Teile, so dass die Verantwortlichen schließlich in 1994 beschlossen, diese Statue in das Foyer des Visitor Centers umzusiedeln.

Folge dieser Entscheidung war, dass der ursprüngliche Platz zu leer wirkte, so dass 1997 eine neue Statue an der Beale Street aufgestellt wurde. Diese ist jetzt allerdings von einem Zaun umgeben, um zu verhindern, dass auch sie ständig von Souvenirjägern „geplündert" wird.

Nachdem wir unsere Erinnerungsfotos der Statue „geschossen" haben, versorgen wir uns im Visitor Center mit Informationen darüber, was uns auf der Insel erwarten wird.

Der King in Über-Lebensgröße

❖ ❖ ❖

Mud Island ist eigentlich keine Insel sondern eine kleine Halbinsel, im Westen der Mississippi, im Osten der Wolf River. Der Wolf River wurde 1960 umgeleitet, so dass er jetzt nördlich von Mud Island in den Mississippi mündet. Der Mud Island River Park befindet sich am südlichen Ende der Insel und wurde 1982 eröffnet. Er bietet den

Besuchern umfangreiche Spazier- und Radwege, Tretboot-
fahrten und das bereits erwähnte maßstabsgerechte hydrau-
lische Model des Mississippi von Cairo/Illinois bis New
Orleans.

Alle am Fluss gelegenen großen und kleinen Städte
sind in diesem Modell dargestellt, dazu gibt es zahlreiche
Erläuterungen und Fakten zum „Ol' Man River".

Das Modell mündet in eine Nachbildung des Golfs von
Mexiko.

Das Museum widmet sich der Geschichte des unteren
Mississippi-Bereiches, mit dem Hauptaugenmerk auf die
Dampfschiffe.

Auf dem nördlichen Teil von Mud Island befindet sich
ein Wohngebiet aus Ein-Familien- und Apartmenthäusern.
Hier gibt es auch den Mississippi River Trail, einen großen
Park mit Lauf- und Spazierwegen und vielen Bänken, auf
denen man ausruhen und den schönen Blick über den Mississippi genießen kann.

1959 wurde auf Mud Island auch ein Flughafen mit
einer einzelnen Start- und Landebahn eröffnet, der Memphis Downtown Airport, der überwiegend von Geschäftsleu-
ten genutzt, aber bereits 1970 wieder geschlossen wurde.

Wie bereits erwähnt, wollen wir uns das Modell des
Mississippi anschauen. Dabei ist anschauen das falsche
Wort, die englische Bezeichnung Riverwalk trifft es viel
besser, denn wir gehen dem Verlauf des Mississippi von
seinem Zusammenfluss mit dem Ohio River bei
Cairo/Illinois über 954 Meilen (ca.1.535 km) bis zum Golf
von Mexiko nach. Dies bedeutet, das Modell stellt trotz
seiner beträchtlichen Größe weit weniger als die Hälfte der
Gesamtlänge des Flusses von 3778 Kilometern dar.

Ein Teil des Mississippi-Modells auf Mud Island

Das aus Beton erbaute Modell erstreckt sich über eine gerade Länge von knapp 610 Metern. Da es aber jede Windung und Richtungsänderung des Flusses originalgetreu wiedergibt, ist es natürlich sehr viel länger und somit auch maßstabsgetreu nachgebildet. In dem Darstellungsverhältnis entsprechen 76,2 cm einer Originallänge von 1 Meile, also 1,609 Kilometern.

Das Wasser fließt über zahlreiche unterschiedlich gebaute und positionierte Betonabschnitte von Nord nach Süd. Zwanzig Städte entlang des Flusses sind sowohl in ihren Umrissen als sogar auch mit ihren Sehenswürdigkeiten maßstabsgetreu angelegt worden. Selbst die verschiedenen Zuflüsse finden sich wieder.

Der Modellfluss mündet schließlich, im Größenverhältnis zum Original, in ein gut 4000 Quadratmeter großes und knapp 5 Millionen Liter Wasser fassendes Delta am nachgebauten Golf von Mexiko, nur dass man hier darin gemütlich Tretboot fahren kann.

Das klingt viel versprechend und wir merken schnell, das ist es auch. Die „Reise" beginnt an einer großen senkrechten Wand, die den oberen Verlauf des Mississippi darstellt, d. h. den Teil von der Quelle im Lake Itasca in Minnesota bis Cairo in Illinois.

Das Wasser läuft von dieser Wand hinunter auf den im Boden nachgebauten Flussverlauf und wir folgen diesem nun langsam. Zahlreiche Hinweistafeln erläutern, wo wir uns jeweils befinden.

Die Nachbildung ist so gelungen, dass z.B. im Modell der Stadt Memphis die Skybridge, die Hernando de Soto Bridge und natürlich auch Mud Island ganz genau zu erkennen sind. Indem wir einen Fuß auf das Mud Island Modell setzen, stehen wir quasi gleich zweimal dort - zur selben Zeit.

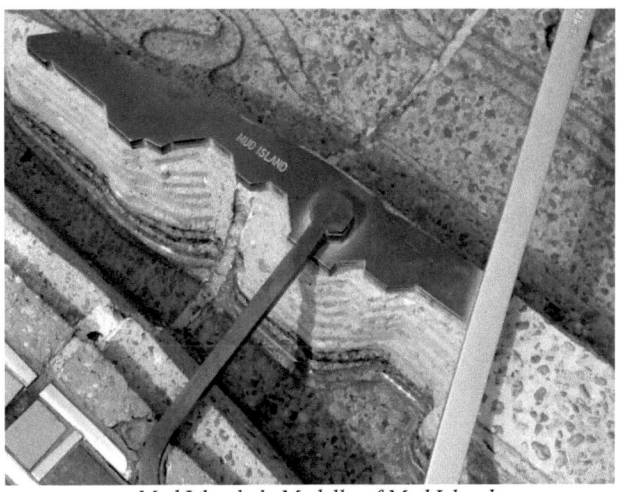

Mud Island als Modell auf Mud Island

Da es ein herrlich warmer Tag ist, dauert es auch nicht lange, bis wir Schuhe und Strümpfe ausziehen und einen Teil des Weges im Wasser des nachgebauten Mississippi gehen. Es macht Spaß, sich wie Gulliver in Liliput zu fühlen und so merken wir gar nicht, wie die Zeit vergeht. Als wir schließlich im Delta ankommen stellen wir fest, dass wir fast drei Stunden damit verbracht haben, dem Mississippi bis zu seiner Mündung zu folgen. Nun haben wir uns eine Pause mehr als verdient.

Wie könnte man die hier besser verbringen als bei einer Fahrt mit dem Schaufelraddampfer auf dem Mississippi?

Der Anleger der „Memphis Queen Line" ist nicht allzu weit entfernt - und wir haben Glück: Die nächste Tour mit der „Memphis Queen" startet in Kürze. Großer Andrang herrscht hier nicht und so sind die Tickets - zum Stückpreis von 15,85 USD - schnell gekauft. Wir finden Platz auf dem überdachten Achterdeck, so dass wir vor der ziemlich heißen Sonneneinstrahlung hier auf dem Wasser etwas geschützt sind. Gleichzeitig haben wir von unseren Plätzen aber auch den am Heck befindlichen Schaufelantrieb des Ausflugsdampfers im Blick - und während der Fahrt das nicht eben geringe Geräusch des „aufgeschaufelten" Wassers ständig in den Ohren.

Das Schaufelrad der „Memphis Queen"

Der knapp einstündige Ausflug führt jeweils ein kurzes Stück den Mississippi auf- und wieder abwärts. Dabei fahren wir auch fast mittig unter der Hernando de Soto Bridge her, so dass sich quasi die eine längs gerichtete Hälfte des Bootes in Tennessee und die andere Hälfte in Arkansas befindet.

Trotz der geräuschvollen Untermalung genießen wir die Fahrt auf dem Ol' Man River, die nach unserem Empfinden leider viel zu schnell vorbei ist.

Und auch unser Aufenthalt in Memphis neigt sich langsam seinem Ende zu. Dass es inzwischen bereits früher Abend ist merken wir sehr deutlich daran, dass sich ein nicht zu ignorierendes Hungergefühl bei uns allen eingestellt hat.

Wir schlendern vom Schiffsanleger gemütlich zurück zum Parkhaus und machen uns von dort auf den Rückweg zum Hotel. Unterwegs legen wir eine Rast in einem Fast-Food-Restaurant ein. Gesättigt, aber auch ein wenig erschöpft vom heutigen Tage, erreichen wir das Hotel.

An diesem Abend ist nur noch Ausruhen angesagt, zunächst auf unseren Zimmern, anschließend noch, angesichts der lauen Temperaturen, für einige Zeit am Rande des herzförmigen Swimmingpools.

So klingt unser Aufenthalt in Memphis entspannt aus.

Nach einer erholsamen Nacht und einem letzten Blick hinüber nach Graceland geht es am nächsten Morgen weiter nach Natchez im Bundesstaat Mississippi.

Wir verlassen Memphis auf der I-55 in fast gerader südlicher Richtung, um in die ca. 304 Meilen (etwa 490 km) entfernte Stadt zu gelangen, die ebenfalls unmittelbar am Mississippi liegt.

Bereits nach kurzer Zeit, bei Southaven, überqueren wir die Staatsgrenze zu Mississippi.

Die Namen der Orte, die wir unterwegs passieren, sagen uns nichts. Die Gegend ist relativ dünn besiedelt. Der Straßenkarte entnehmen wir, dass rechts und links der Straße einige größere Seen als beliebte Erholungsgebiete locken - aber uns interessieren sie heute nicht. Wir lassen uns lieber von der Werbung an der Abfahrt Batesville locken, die auf ein fast direkt neben der Interstate liegendes Wal Mart Supercenter hinweist. Seit einer Weile bereits waren wir nicht mehr richtig „shoppen", das muss jetzt nachgeholt werden.

So machen wir uns mit einer recht ansehnlichen Ausbeute an neuen Kleidungsstücken, Getränken, Naschereien etc. nach gut einer Stunde auf die Weiterfahrt, unserem Tagesziel Natchez entgegen.

Kurz vor Jackson, der Hauptstadt des Bundesstaates Mississippi, verlassen wir bei Richland die I-55, um die letzten beiden Stunden unserer Fahrt auf dem Highway 61, auch bekannt als „Natchez Trace Parkway", zurückzulegen. Dieser schon von den Ureinwohnern vor 10.000 Jahren benutzte Weg ist insgesamt 444 Meilen (715 km) lang und beginnt bei Nashville in Tennessee. Teile des alten Trails sind heute noch erhalten und stehen unter Schutz. Auf der gesamten Strecke sind keine kommerziellen Fahrzeuge erlaubt und die Geschwindigkeit ist auf max. 50 Meilen (80 km/h) begrenzt. Das Stück zwischen Richland und Natchez ist gut 100 Meilen, also ca. 160 km, lang und bietet dem Betrachter immer wieder wechselnde Ansichten einer sehr schönen Landschaft, die wir bei dem relativ gemächlichen Tempo wirklich genießen.

Am frühen Nachmittag erreichen wir unser Domizil, das Motel Days Inn Natchez, das praktischerweise am Highway 61 - Adresse: 109 Highway 61 South, Natchez MS 39120 US - liegt, so dass wir nicht lange danach suchen müssen.

Die Lobby befindet sich in einem recht großen, im Stil eines Südstaaten-Herrenhauses erbauten Gebäude; die Gästezimmer befinden sich in einem dahinter errichteten großen Trakt, der wie viele andere Motels auch aussieht: Zwei Etagen, jedes Zimmer von außen über einen Laubengang zugänglich, Eiswürfelmaschine an der Treppe, vor dem Gebäude die Parkplätze für die Gäste.

Es gibt aber auch einen relativ großen Outdoor-Pool, der, auch wenn er neben der Hauptstraße liegt, zu einem erfrischenden Bad einlädt. Bei den hochsommerlichen Temperaturen denken wir ernsthaft darüber nach. Doch zunächst werden die Zimmer bezogen. Ein kurzer „Kriegsrat" führt dann angesichts unseres zeitlich knapp bemessenen Aufenthalts in dieser Stadt zu dem Beschluss, vorerst auf ein Bad zu verzichten und stattdessen die Stadt zu besichtigen, die, wie Charleston in South Carolina, für ihre zahlreichen gut erhaltenen „Antebellum-Häuser" im so genannten „Greek-Revival"-Stil bekannt ist.

Das 1776 gegründete Natchez ist die älteste Stadt Mississippis, erste Siedler haben sich hier nachweislich bereits 1716 niedergelassen. In der Zeit vor dem amerikanischen Bürgerkrieg war Natchez die größte, reichste und nach Ansicht der meisten Zeitgenossen auch schönste Stadt des Staates. Die Stadt verdankte ihren Ruhm und Reichtum vor allem einigen Plantagenbesitzern, die die größten und wertvollsten Baumwollplantagen der Südstaaten besaßen.

1809 wurde Natchez als Stadt anerkannt. 1817 wurde sie für 5 Jahre zur Hauptstadt Mississippis, bevor sie 1822 von Jackson abgelöst wurde.

Natchez überstand den Bürgerkrieg relativ unbeschadet. Bereits im Mai 1862 konnte die Union nach der Eroberung von New Orleans auch die Stadt am Mississippi einnehmen.

Heute hat Natchez ungefähr 15.000 Einwohner, die überwiegend vom Tourismus leben. Dieser wiederum liegt, wie zuvor bereits erwähnt, begründet in der Attraktivität der vielen gut erhaltenen Villen und Herrenhäuser aus der Zeit vor dem Bürgerkrieg.

Allein schon die Namen einiger dieser Bauten lassen etwas von dem Glanz und der Pracht der Epoche erahnen, in der sie gebaut wurden: Auburn, 1812 erbaut, mit einer berühmten freistehenden Wendeltreppe; D'Evereaux, erbaut 1840 und bis heute original möbliert;

Governor Holmes House von 1794 und u.a. Wohnsitz des ersten Gouverneurs von Mississippi. House on Ellicott's Hill, eines der ältesten Häuser, erbaut 1798. Landsdown Plantation von 1853. Magnolia Hill - 1858, größtes Vorkriegs-Herrenhaus der Stadt.

Stanton Hall, erbaut 1857, nimmt sogar einen ganzen Block im Stadtgebiet ein. Im Inneren dieses Hauses wurden seinerzeit auch Szenen für die Serie „Fackeln im Sturm" gedreht.

Nicht zu vergessen Longwood, das größte achteckige Gebäude der USA. Der Bau begann 1860, doch die aus Chicago stammenden Handwerker flohen vor dem einsetzenden Bürgerkrieg in Ihre Heimat und stellten den Innenausbau nie fertig. Bis heute ist nur das Souterrain fertig, man kann aber auch das Stockwerk darüber besichtigen. Baupläne zeigen, wie die restlichen Stockwerke aussehen sollten.

Da wir unserem Reiseführer auf dem Weg vom Hotel in die Innenstadt entnehmen, dass quasi die gesamte Innenstadt von Natchez diese sehenswerten Häuser aufweist, suchen wir uns angesichts der beschaulichen Verkehrsverhältnisse einen Parkplatz in einer ruhigen Nebenstraße.

Wir beginnen unseren Rundgang durch die Stadt und stehen schon kurz darauf in der South Commerce Street vor dem Temple B'nai Israel, erbaut 1843 und die älteste Synagoge des Staates Mississippi. Leider ist das Gebäude geschlossen, so dass wir es nur von außen besichtigen können.

Also setzen wir unseren Weg durch die an diesem Nachmittag ruhigen Straßen fort und finden uns schon nach kurzer Zeit in der South Pearl Street vor der Magnolia Hall wieder, dem vor dem Bürgerkrieg größten Herrenhaus der Stadt.

„Mein Haus, mein....“

Wir schlendern weiter die Washington Street hinunter in Richtung Mississippi und gelangen nach einem Linksschwenk auf die South Canal Street zu Rosalie. Dabei handelt es sich nicht um eine Dame, die hier hoffnungsvoll auf Gäste wartet, sondern um ein 1820 erbautes Haus, von dessen parkähnlichen Garten aus man einen phantastischen Blick auf den Mississippi haben soll.

So ist es tatsächlich. Hier kann man es aushalten - und wir genießen eine lange entspannte Pause, bevor wir unseren Bummel zunächst ein Stück am Flussufer entlang bis zum Visitor Center, das ebenfalls an der South Canal Street liegt, fortsetzen. Hier decken wir uns noch mit einigem Infomaterial und kleinen Souvenirs ein. Anschließend schlendern wir dann gemächlich durch die Stadt zurück zu unserem Auto.

Inzwischen ist es bereits früher Abend und ein spürbares Hungergefühl ist nicht mehr zu ignorieren. So legen wir auf dem Weg zurück zum Hotel einen Zwischenstopp für ein schnelles Abendessen ein.

Da es selbst jetzt am Abend noch immer sehr warm ist, bedarf es keiner langen Überlegungen, ob wir den Plan in die Tat umsetzen sollen, der uns gleich bei unserer Ankunft in den Sinn kam: Es geht ab in den Swimmingpool!

Der anschließende entspannte und erholsame Schlaf ist uns in dieser Nacht sicher.

Schon recht früh am darauffolgenden Morgen verlassen wir Natchez.

Unsere Reise führt weiter nach Süden. Unser heutiges Tagesziel - und auch Station am folgenden Tag - ist New Orleans, die Stadt am Mississippi-Delta im Golf von Mexico im Bundesstaat Louisiana.

Von Natchez aus nehmen wir die LA-15 S, die ein ganzes Stück unmittelbar dem Lauf des Mississippi folgt. Dabei haben wir schon kurz hinter Natchez die Grenze zwischen Mississippi und Louisiana passiert, denn diese verläuft hier über viele Kilometer mitten im Fluss.

Bei Simmesport wechseln wir auf die LA-105 S, die wiederum auf einer erheblichen Strecke dem Verlauf des Atchafalaya River angepasst ist. Der Wechsel auf die LA-360 führt uns dann in südwestliche Richtung zur I-49 S, die wir bis Lafayette fahren.

Warum wir diese Strecke und nicht den direkten Weg von Natchez nach New Orleans nehmen? Nun, dieser Umweg gibt uns die Möglichkeit, über die Atchafalaya Swamp Bridge zu fahren. Mit einer Länge von 29,3 km ist sie die neuntlängste Brücke der Welt.

Außerdem wollen wir in Lafayette das Acadian Village besichtigen, den Nachbau eines Cajun-Dorfes aus der Zeit des ausgehenden 19. Jahrhunderts.

Über die Cajuns sagt „Wikipedia":

Die Cajuns oder auch Cadiens sind eine frankophone Bevölkerungsgruppe, die noch heute im Cajun Country im US-Bundesstaat Louisiana lebt. Sie sind Nachfahren der im 18. Jahrhundert aus den Atlantikprovinzen Kanadas vertriebenen akadischen Franzosen.

Ihre Vorfahren stammten aus der ostkanadischen Provinz Acadie, aus der sie 1755 von den Briten nach deren Sieg im Britisch-Französischen Krieg vertrieben wurden. Daher stammt auch der Name „Acadiens", der sich bei den englischsprachigen Nordamerikanern über „Acadians" zu „Cajuns" entwickelte.

Viele Überlebende siedelten sich nach mehreren Jahren Irrfahrt in den 1760er Jahren im damals von den Franzosen an die Spanier verkauften Louisiana an, das noch den französischen Gouverneur behalten hatte und über jede Zuwanderung froh war. Später wurde das Territorium wieder französisch und kam durch Napoleon Bonapartes Verkauf, den Louisiana Purchase, 1803 schließlich zu den USA.

Die Cajuns lebten bis zum Beginn des 20. Jahrhunderts völlig unberührt von der US-amerikanischen Umwelt und behielten ihre Kultur bei; darunter ihre Musik, ihren außergewöhnlichen alten westfranzösischen Dialekt und ihre Küche.

Erst in den 1930er-Jahren, als in Louisiana Öl gefunden wurde, kamen die Cajuns mit den anglophonen US-Amerikanern in Berührung und wurden in der Folge im Zuge der Anglisierung gezwungen, Englisch zu lernen und zu sprechen. Kinder, die ihr Cajun-Französisch in der Schule sprachen, wurden bestraft, als Hinterwäldler betrachtet und wegen ihres fehlerhaften harten Englischs ausgelacht und verachtet.

In den 1970er-Jahren erkannte man nach langen Bemühungen seitens der Cajuns den Wert ihrer Kultur an und Französisch wurde in Louisiana zweite Staatssprache. Eine Organisation setzt sich für den Schutz der Cajunkultur ein.

Die Küche der Cajuns ist eine eher einfache und rustikale Küche aus lokal verfügbaren Zutaten. Typische Gerichte sind beispielsweise Jambalaya oder Gumbo, sie zeichnen sich durch scharfe und würzige Noten und die Verwendung von Tabascosauce oder anderer Chilisaucen aus.

Die Musik der Cajuns ist eine der ältesten Volksmusiken der USA. Sie ist einfach, melodisch und ausgesprochen rhythmisch; oft handelt es sich um Two Step, Walzer oder Polka. Die Instrumentierung besteht meist aus Fiddle, Cajun Accordion, Gitarre, Kontrabass sowie der „Tit-fer" (kleines Eisen), der Triangel.

In den überwiegend in Französisch gehaltenen Texten geht es meist um Geschichten der Cajuns über die Liebe, die Jagd, das Trinken und ihre Feste. Anfang des 20. Jahrhunderts entstand durch kreolische und afro-amerikanische Einflüsse die eigenständige Musikrichtung Zydeco. Sie existiert parallel zur traditionellen Musik und verwendet neben den klassischen auch elektrisch verstärkte Instrumente; ihre Texte sind oft in englischer Sprache abgefasst.

Nach gut zweistündiger Fahrt stellen wir bei unserer Ankunft im Acadian Village, 200 Greenleaf Drive, Lafayette 70506, fest, dass wir fast die einzigen Besucher hier sind. Schon auf dem Besucherparkplatz können wir uns einen Stellplatz für unseren Wagen aussuchen.

Das Dorf selbst besteht aus mehreren Wohngebäuden, Ställen, Werkstätten und einer Kirche, die rund um einen kleinen See errichtet wurden. Selbst einen Friedhof gibt es hier.

Im Acadian Village

Wir schlendern gemütlich um den See herum von Haus zu Haus und lassen uns zurückversetzen ins 18. und 19. Jahrhundert. Recht eindrucksvoll ist eine original eingerichtete Arztpraxis aus der damaligen Zeit.

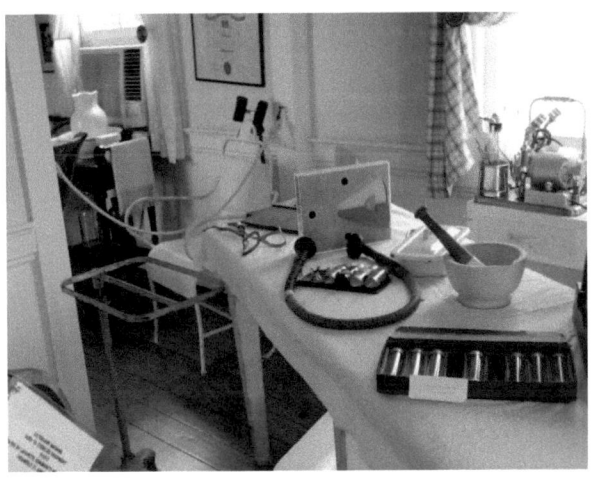

Beim Anblick der Instrumente möchte man lieber keine Schmerzen haben und eine Behandlung in Anspruch nehmen müssen.

Im größten Gebäude befindet sich eine Kunstgalerie. Hier sind 17 beeindruckende Originalgemälde des ortsansässigen Malers George Rodrigue ausgestellt, die die Geschichte der „Acadian Saga" erzählen, beginnend mit der Überfahrt der „Jonah" von Frankreich nach Amerika in 1604, über das Leben in Kanada bis hin zur Ankunft in der neuen Heimat South Louisiana.

Nach dem ausgiebigen Rundgang gönnen wir uns aus dem General Store noch einen für amerikanischer Verhältnisse wirklich leckeren Kaffee, den wir gemütlich am Seeufer sitzend trinken.

Dabei beobachten wir auf dem See mehrere Schildkröten, von denen einige auf einem Baumstamm, der mitten im Wasser treibt, unbeweglich in der Sonne liegen, während ein paar andere versuchen, auf diesen Baumstamm zu gelangen, was ihnen aber nicht gelingt. So paddeln sie schließlich in Richtung Ufer, wo sie an einer seichten Stelle an Land gelangen und sich dann ebenfalls regungslos da liegend von der Sonne bescheinen lassen.

Der Besuch des Dorfes ist wirklich lohnenswert, doch ein Blick auf die Uhr gemahnt zum Aufbruch, denn es liegen nochmals 136 Meilen (ca. 219 km) bzw. gut zwei Stunden Fahrt bis New Orleans vor uns, wobei wir aber auch noch einen weiteren Zwischenstopp geplant haben.

So fahren wir über die I-10 in östliche Richtung und dabei auch über die zuvor bereits erwähnte fast 30 Kilometer lange Atchafalaya Swamp Bridge.

Laut unserem Reiseführer handelt es sich um zwei parallel verlaufende Plattenbrücken aus Stahlbeton, die zwischen Baton Rouge und Lafayette über das Atchafalaya Basin führen. Die beiden Plattenbrücken verlaufen parallel in etwa fünfzig Meter Abstand, so dass man von der Ge-

genfahrbahn, bis auf ein kurzes Stück, wo beide Richtungs-
fahrbahnen direkt nebeneinander verlaufen, so gut wie
nichts sieht. Kurios ist, dass man irgendwann während der
Fahrt gar nicht mehr wahrnimmt, dass man über eine Brücke fährt, zumal sie auch nicht gerade sehr hoch verläuft.

Bei Baton Rouge, der Hauptstadt des Bundesstaates
Louisiana, überqueren wir noch einmal den Mississippi.
Die Straße verläuft über weite Teile schnurgerade und die
Fahrt gestaltet sich relativ langweilig.

Umso interessanter wird es dann an unserem nächsten
Zwischenstopp.

An der Ausfahrt 187 verlassen wir die I-10 und wechseln auf die US-61 S, auf der wir wieder einmal über den
Ol' Man River fahren, dann geht es bei Wallace nach links
auf die LA-18 W, die uns direkt zu unserem Ziel führt: die
Oak Alley Plantage in Vacherie.

Oak Alley Plantation ist eine von 6 ehemaligen großen
Plantagen, die zwischen New Orleans und Baton Rouge am
Mississippi angesiedelt sind und alle zur „Great River Road
Plantation Parade" zusammengefasst wurden. Die anderen
5 Plantagen sind: Destrehan Plantation, San Francisco Plan-
tation, Laura Plantation, Nottoway Plantation und das
Cabin Restaurant. Letzteres ist eine Besonderheit: Hier sind
die mehr als 100 Jahre alten Sklavenunterkünfte und das
Gebäude der ersten Katholischen Schule für schwarze
Schüler in Louisiana erhalten geblieben und werden heute
als Restaurant genutzt.

Uns erscheint die Oak Alley Plantation als die interes-
santeste von allen und so freuen wir uns, sie jetzt besichtigen zu können.

Schon die Ausmaße des Geländes sind beeindruckend.
Vom großen Parkplatz, auf dem wir unseren Wagen abge-

stellt haben, benötigen wir gut 10 Minuten, um zu Fuß zum Ticketschalter am Eingang zu gelangen.

Auch die Lage der Plantage, direkt am Ufer des Mississippi, hat was. Hier konnte man bestimmt gut leben - wenn man zur weißen Plantagenbesitzer-Familie gehörte.   Wie hingegen das Leben der Sklaven war... das wollen wir uns lieber nicht in allen Einzelheiten vorstellen.

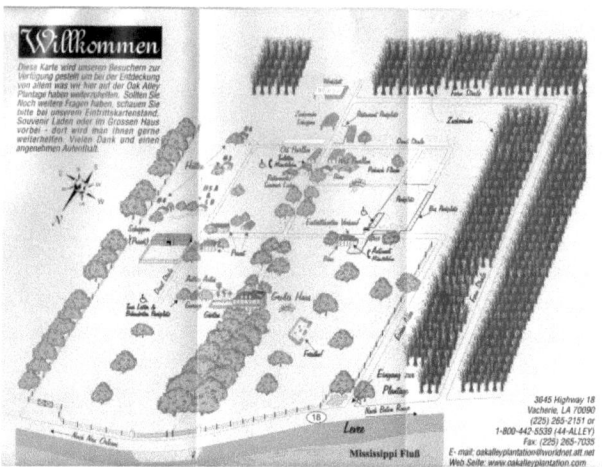

Überblick über Oak Alley Plantation

Das Informationsblatt, das wir mit der Eintrittskarte am Ticketschalter bekommen, ist sogar in deutscher Sprache verfasst und ich zitiere hier gerne die somit aus erster Hand erhaltenen Informationen über die Plantage:

„Die Geschichte von Oak Alley fängt mit den Bäumen an. Irgendwann um 1700 baute ein unbekannter französischer Siedler ein kleines Haus auf dem Gelände, wo sich heute das Landhaus befindet. Er war es, der 28 Eichenbäume in zwei gut platzierten Reihen anpflanzte, welche von seinem Haus bis zum Mississippi reichen.

Im Jahr 1839 baute Jacques Telesphore Roman, ein wohlhabender kreolischer Zuckerbauer, das heutige Landhaus für seine Braut.

Wir laden Sie ein, Oak Alley's Schönheit zu genießen, so wie Sie sich den Reichtum und den Traum der 1840er und 1850er Jahre entlang des Großen Flusses vorstellen, als der Zucker König war.

Die Oak Alley Plantage, ein national-historischer Meilenstein, mit seinem von vor der Bürgerkriegszeit erbauten Landhaus ("Großes Haus") und den umliegenden 10 Hektar Land ist heute im Besitz und wird unterhalten von der gemeinnützigen Oak Alley Stiftung. Die ursprüngliche Plantage ist wie folgt aufgeteilt: ein Wohnkomplex von 30 Hektar umringt den Besitz der Gründungszeit; 240 Hektar sind verpachtet für Zuckerrohranbau und 180 Hektar sind unberührtes Waldland.

Die Oak Alley Stiftung unterhält sich hauptsächlich von Erlösen der Eintrittspreise, die für die Erhaltung, Wartung und Instandhaltung des historischen Landhauses und der umliegenden Anlagen verwendet werden.

....

Verschiedene Arten der Pflanzenwelt sind in diesem Gebiet heimisch und sind überall auf der Anlage zu sehen. Crepe-Myrten, Azaleen, Magnolien sind besonders weit verbreitet. Viele Arten der Tierwelt, besonders Eichhörnchen, Pfauen und eine interessante Vielfalt an Vögeln sind auf Oak Alley zu Hause. Unsere ungewöhnlichen bob-tail-Katzen (ja... sie sind so geboren!) kommen von der Lloyd Hall Plantage in Cheneyville, Louisiana, zu uns."

Dieser letzte Hinweis im Flyer lässt die Herzen der Katzenmütter und -väter unter uns höher schlagen. Doch wahrhaftig, während unseres gesamten gut zweieinhalbstündigen Aufenthalts auf der Plantage bekommen wir nicht eines dieser Tiere zu Gesicht.

Doch alles andere ist wirklich sehenswert, angefangen bei der imposanten Eichenallee, die der Plantage ihren Namen gab, über die auf uns extrem beklemmend wirkenden Sklavenhütten, bei denen wir eine Zeitlang verweilen, bis hin zu den Oldtimer-Autos in der Remise und dem gesamten Park, der das Herrenhaus umgibt.

Die Eichenallee der Oak Alley Plantation

Angesichts der alten Südstaatenpracht, die uns hier umgibt, haben wir nicht nur einmal das Gefühl, als müssten jeden Augenblick Scarlett O'Hara und Rhett Butler aus „Vom Winde verweht" oder Patrick Swayze als Orry Main aus „Fackeln im Sturm" um die Ecke kommen.

Tatsächlich waren Herrenhaus und Plantage schon häufiger Drehorte für Filme, u.a. für „Interview mit einem Vampir", „Mit aller Macht" (mit John Travolta), „Flammender Sommer" (mit Don Johnson), „Wiegenlied für eine Leiche" (mit Bette Davis) oder auch „Mitten in der Nacht", die Verfilmung eines Romans von Nora Roberts. Auch Beyoncé hat hier Aufnahmen für eines ihrer Musikvideos gemacht.

Das Herrenhaus selbst setzt das Tüpfelchen auf das i, angefangen mit der Tatsache, dass wir eine eigene Führung nur für uns fünf bekommen. Das hat jedoch weniger damit zu tun, dass wir hier als VIP's angesehen werden, als mit dem Umstand, dass außer uns niemand anderes eine Führung zu diesem Zeitpunkt gebucht hat.

Herrenhaus der Oak Alley Plantation

Als uns die Fremdenführerin in Empfang nimmt, umweht uns sofort wieder ein Hauch von purer Südstaaten-Historie. Die Dame trägt ein Kleid aus der guten alten Zeit, mit breitem Reifrock und vielen Rüschen - eben genau so wie man es kennt und hier eigentlich auch nicht anders erwartet.

Der authentische Eindruck wird allein etwas getrübt von dem kleinen Sender mit Antenne, den sie hinten am Gürtel befestigt hat und über den sie mit ihren Kolleginnen und Kollegen auf dem gesamten Gelände in Verbindung steht.

Mit sehr viel Fachkenntnis und einer guten Portion Humor führt uns die Dame durch alle Räume und erläutert uns, auch geduldig nach Umschreibungen suchend, wenn wir einmal einen der von ihr verwendeten amerikanischen Fachausdrücke nicht sofort verstehen, viele Details des Hauses und der Geschichte der Plantage.

Auf Grund ihrer Ausführungen können wir uns sehr gut vorstellen, wie die Besitzer hier früher gelebt haben und kurzzeitig sehen wir uns in Gedanken selbst in der damaligen Zeit auf der großen Veranda stehen, die Eichenallee zum Fluss hinunter blickend. Doch schnell drängt sich auch wieder der Gedanke an die Sklaven und deren Lebensverhältnisse auf und dann ist es nicht mehr ganz so romantisch…

Auf der Internetseite der Oak Alley Plantation (www.oakalleyplantation.com) gibt es unter dem Tab „Learn & Explore" eine Datenbank über die auf der Plantage gehaltenen Sklaven. Hier ein völlig willkürlicher (übersetzter) Auszug:

„Transaktion: Verkauf
Antoine Marigny Dauterieve verkauft Pognon und sein Kind Deterville an Sosthene & Zenon Roman
Datum der Transaktion: 14. November 1814
Quelle: Notariatsarchiv New Orleans / PEDESCLAUX V69, Act 421"

Man erfährt zudem, dass Deterville ein männlicher Kreole aus Louisiana war und auf der Plantage „Griff" genannt wurde.

Als wir nach der gut anderthalbstündigen Führung, für die wir uns bei der Dame sehr herzlich und auch mit einem wohlverdienten großzügigen Trinkgeld bedanken, wieder aus dem Haus heraustreten, können wir der Versuchung nicht widerstehen, für eine kleine Weile zum Ausruhen auf den gemütlichen Lehnstühlen auf der Terrasse vor der Tür Platz zu nehmen… mein Haus…, mein Land…

Nach einem kurzen Spaziergang zurück zum Parkplatz verlassen wir schließlich die Oak Alley Plantage und brechen auf zu unserem endgültigen Ziel des heutigen Tages. Auf der LA-3127 S fahren wir die letzten 55 Meilen (ca. 88 km) nach New Orleans, genauer gesagt in die Magazine Street 315 zu unserem Hotel, dem Country Inn & Suites.

Da wir in unserem Wagen über kein Navi sondern lediglich über Stadtpläne und Straßenkarten verfügen, verfahren wir uns irgendwann in New Orleans, nachdem wir in das Gewirr der kleinen Straßen und deren teilweise verwinkelter Abzweigungen eingetaucht sind.

Nach einigem Herumirren auf Grund fehlender oder zumindest nicht gleich aufzufindender Straßenschilder halten wir schließlich an einem kleinen Verkaufsstand. Nicht nur dieser, sondern die ganze Gegend, in die wir geraten sind, und auch die drei dunkelhäutigen jungen Männer, die mit dem Verkäufer angeregt plaudern, wirken nicht sehr vertrauenerweckend, doch sonst ist leider niemand weit und breit zu sehen.

Also steigen zwei von uns mit dem Stadtplan aus und fragen vorsichtig nach dem Weg. Die Herzlichkeit und Freundlichkeit, die uns dann entgegenschlägt und der Eifer, mit dem sie uns nahezu alle gleichzeitig den Weg zum Hotel erklären wollen, ist überwältigend. Damit haben wir keinesfalls gerechnet. Nachdem wir mit deren Hilfe den Weg zum Hotel in die Karte eingetragen haben, verabschieden sie uns mit einem fröhlichen Winken.

New Orleans, gelegen im Mississippi-Delta, von vielen als die „Wiege des Jazz" bezeichnet, ist heute mit rund 390.000 Einwohnern die größte Stadt im Bundesstaat Louisiana. Zum Zeitpunkt unserer Reise (2004) hatte die Stadt noch ca. 450.000 Einwohner, doch dann kam am 29. August 2005 der Hurrikan Katrina, einer der vier schwersten Hurrikans in der Geschichte der USA, der viele Opfer forderte und es erforderlich machte, die Stadt zu evakuieren. Viele ehemalige Bewohner sind danach nicht wieder in die Stadt zurückgekehrt, sei es aus Angst, oder aber, weil sie sich den Wiederaufbau ihrer zerstörten Häuser und Wohnungen nicht leisten konnten. Am 1. Juli 2006, knapp ein Jahr nach der Katastrophe, betrug die Einwohnerzahl nur noch 223.388, also nur noch knapp die Hälfte der Zahl von 2004.

Wegen ihrer Lage zwischen dem Mississippi im Süden und dem Lake Pontchartrain im Norden, die ihr einen Stadtumriss in Form einer Mondsichel gegeben hat, erhielt New Orleans die Bezeichnung „Crescent City" (Mondsichelstadt).

Bei der Gründung der Stadt im Jahre 1718 bebauten französische Siedler ein kleines, etwas höher gelegenes Stück Land, das ursprüngliche Zentrum der Stadt, das heute als „French Quarter" bekannt ist. Das Gebiet des heutigen New Orleans ist erst vor 2500 Jahren aus vom Fluss angeschwemmten Sedimenten entstanden. Es ist größtenteils ein mehrere hundert Meter tiefer Sumpf, der sich unter dem Druck seines eigenen Gewichtes verdichtet und bei Ausbleiben der Sedimentablagerung weiter unter den Meeresspiegel sinken wird. Seit der Mississippi von den Franzosen und anschließend vom United States Army Corps of Engineers eingedeicht wurde, sinkt das Gebiet von New Orleans um etwa 8 mm pro Jahr. 70% der Stadtfläche liegen bis zu 1,6 m unterhalb des Meeresspiegels.

In den 1910er Jahren legte man die Stadt, die von Sümpfen umringt war, mit zahlreichen großen Pumpen trocken. Ein Drainagesystem von mehreren hundert Kilometern Länge durchzieht heute New Orleans und entwässert über 22 Pumpstationen bei starkem Regen die gesamte Stadt. Durch die Trockenlegung konnte New Orleans um erhebliche Flächen erweitert werden, sie führte jedoch auch zu einer ausgedehnten Absenkung des Terrains. Heute ist die Stadt im Norden von einem 5 bis 6 Meter hohen Deich sowie im Süden von einem 9 Meter hohen Deich gegen Wassereinlauf geschützt.

Die fortschreitende Absenkung wird in Kombination mit dem in den nächsten Jahrzehnten teilweise irreversibel ablaufenden Meeresspiegelanstieg sehr wahrscheinlich zum Untergang von New Orleans führen.

Bis heute ist New Orleans auch für seine kreolische und seine Voodoo-Kultur bekannt, die mit dem Sklavenhandel aus Afrika nach Amerika gekommen war. Ebenso bekannt ist die Stadt für ihre vielfältigen Musikrichtungen. So entstand als Synthese aus verschiedenen Musiktraditionen - auch den damals das Straßenbild prägenden Street Bands - seit der Jahrhundertwende der Jazz, der hier vor allem in den frühen 1920ern seine große Blüte erlebte.

Die ersten Einwohner von New Orleans waren eine Mischung kanadischer Grenzbewohner, Handwerker, Soldaten, Häftlingen sowie schwarzen und indianischen Sklaven. 1727 erreichten 88 aus Pariser Gefängnissen befreite Frauen die Stadt, begleitet von acht ursulinischen Nonnen, um sich in der Stadt niederzulassen. Die unerschrockenen Nonnen ließen sich in der heutigen Chartres Street nieder; auch ein Konvent wurde etwas weiter unten auf der Straße gebaut. Dieses Gebäude, dessen Bau 1745 begonnen wurde und das sich in der Nähe des heutigen French Market befindet, ist das einzige erhaltene Gebäude aus der Zeit der französischen Herrschaft.

Französische Abenteurer und andere Europäer folgten bald den ersten Siedlern. Der Begriff Kreole, in Französisch-Westindien geprägt und gebraucht, wurde in Louisiana als Bezeichnung einer Person eingeführt, die dort als reiner Franzose geboren wurde. Die Abstammung und der Begriff gehen auf das spanische Wort criollo zurück, das die erste Generation von spanischen Eltern in der neuen Welt bezeichnete.

Im Jahr 1755 kam eine Gruppe von Cajuns in das Gebiet. Sie waren Nachfahren französischer Kolonisten, die sich in Akadien, der späteren kanadischen Provinz Nova Scotia, niedergelassen hatten und dort von den Briten vertrieben wurden. Die Spanier übernahmen 1762, vier Jahre nach dem Abkommen von Fontainebleau die Kontrolle über die Stadt. Nach Unterdrückung einer Revolte ließen sie sich nieder und prägten die Stadt mit ihrer Architektur und Lebensart.

Vom 19. bis zum frühen 20. Jahrhundert gab es eine große Einwanderungswelle in die Vereinigten Staaten, die Deutsche, Iren und Italiener nach New Orleans brachte.

Trotz des französischen Namens der Stadt wird kaum noch Französisch gesprochen, seit 1968 wird aber seitens des Bundesstaates Louisiana die Wiederbelebung der französischen Sprache gefördert.

Zum guten Schluss unserer anfänglichen Irrfahrt durch die Stadt bringen wir schließlich am frühen Abend unseren Wagen vor dem Hotel, das für die kommenden zwei Nächte unsere Herberge sein wird, zum Stehen. Es hat sich inzwischen so eingespielt, dass zwei von uns zur Rezeption gehen, um den Check-in zu vollziehen, während die anderen draußen warten und sich die Beine vertreten (fast immer gehören die beiden Raucher dazu, die die Gelegenheit zum entspannten „Qualmen" nutzen, da während der Fahrt im Auto aus Rücksicht auf die Nichtraucher grundsätzlich nicht geraucht wird).

Schon das Äußere des Hotels macht auf uns den Eindruck, als sei hier eine ehemalige Fabrik oder ein Bürogebäude zu einem Hotel umfunktioniert worden. Beim Betreten der Lobby verstärkt sich dieser Eindruck noch, doch als wir zu unseren Zimmern gelangen, haben wir Gewissheit: Schon die Tür entspricht nicht dem, was man sich unter einer Hotelzimmertür vorstellt, denn in ihrer Mitte befindet sich eine Milchglasscheibe und es sieht so aus, als seien darauf noch Reste einer Beschriftung mit Klebebuchstaben zu erkennen. Die Zimmer selbst erscheinen nur halb fertig, ein Teil der Wände ist im Rohzustand mit roten Ziegelsteinen. Doch dieses Erscheinungsbild ist von den Betreibern gewollt und nachdem wir den ersten Schreck überwunden haben, sind wir von den Räumen echt begeistert, denn beide Zimmer sind sehr geräumig und sauber; selbst die Bäder sind in einem hervorragenden Zustand.

(Schaut man sich heute die Webseite des Hotels an, stellt man fest, dass seit unserem Aufenthalt in 2004 einiges renoviert wurde, doch der „Fabrik-/Büro-Charme" ist noch immer erhalten.)

Zimmer mit besonderem Charme

Nachdem wir uns etwas frisch gemacht haben beschließen wir angesichts der bereits fortgeschrittenen Uhrzeit nur noch einen kurzen Bummel durch die umliegenden Straßen zu machen und dabei irgendwo zu Abend zu essen.

Dieses Vorhaben setzen wir in einer kleinen Pizzeria in die Tat um. Danach kehren wir recht zügig zum Hotel zurück, begeben uns auf unsere Zimmer und schlafen dem nächsten Tag entgegen, an dem wir New Orleans erkunden werden.

Am folgenden Morgen sind wir ausgeruht und bereits wieder früh auf den Beinen, denn wir wollen natürlich den Tag nutzen, um möglichst viel von der Stadt zu sehen. Obwohl das Frühstück im Hotel inbegriffen ist, gehen wir ‚nüchtern' los, denn wir haben etwas anderes geplant.

Die Lage unseres Hotels ist perfekt, denn schon nach wenigen Schritten befinden wir uns auf der Canal Street und von dieser wiederum ist es nur ein Katzensprung zum berühmten French Quarter, dem Zentrum der Stadt mit zahlreichen Sehenswürdigkeiten.

Nachdem wir die historischen Wagen der Straßenbahnlinie Riverfront-Line, die hier auf der Canal Street verkehren, bewundert und uns an Tennessee Williams und sein berühmtes Drama „Endstation Sehnsucht" (im Original „A Streetcar named Desire") und dessen Verfilmung mit Marlon Brando erinnert haben, biegen wir ab in die Chartres Street, die uns direkt zu einigen der Hauptsehenswürdigkeiten der Stadt führt. Und so stehen wir nach einem gemütlichen Bummel, auch hier entlang an zahlreichen Häusern, die mit den typischen gusseisernen Balkonen versehen sind, auf dem Jackson Square.

Dieser große Platz liegt quasi in der Mitte des gitterförmig angelegten „Vieux Carré", dem Ursprungszentrum der Stadt. Im Osten grenzt er an die Decatur Street und somit an den Mississippi, an seiner Westseite erhebt sich die St.-Louis-Kathedrale.

Früher war dies der „Place d' Armes" (Waffenplatz), der Paradeplatz. Soldaten exerzierten vor der Stadtkirche, die von den Hauptquartieren des spanischen Stadtrats flankiert wurden. Die Bezeichnung Jackson Square entstand im

19. Jahrhundert, als eine Reiterstatue Andrew Jacksons auf der Platzmitte aufgestellt wurde.

Selbst zu dieser frühen Uhrzeit herrscht hier bereits ziemlich viel Trubel.

Bevor wir uns ebenfalls dort hineinstürzen wollen wir aber zunächst das noch ausstehende Frühstück einnehmen. Und hier gibt es nur eine Stelle, wo man dieses tun kann, das „Café du Monde" in der Decatur Street, genau entgegengesetzt von unserem aktuellen Standort, am anderen Ende des Platzes.

Doch schnell überqueren wir diesen und stehen, gemeinsam mit unzähligen anderen Touristen, die offensichtlich den gleichen Gedanken haben, vor dem Café, das berühmt ist für seinen Café au lait und seine Beignets, in Fett gebackene Krapfen.

Das ursprüngliche Café Du Monde war ein Kaffeeverkaufsstand, der 1862 auf dem French Market eröffnet wurde. Das Café ist 24 Stunden täglich an 7 Tagen in der Woche geöffnet und nur am Weihnachtstag sowie evtl. an solchen Tagen geschlossen, an denen ein Hurrikan der Stadt zu nahe kommt.

Das Café Du Monde ist ein traditionelles Kaffeehaus. Im Angebot ist der besondere, von den Cajuns „erfundene" Kaffee aus dunkel gerösteten Bohnen und Chicorée, der geröstet und gemahlen wird. Zudem gibt es Beignets, Milch und Schokoladenmilch sowie frisch gepressten Orangensaft und Softdrinks. Der Kaffee wird schwarz, als Café au lait oder als Eiskaffee serviert. Beignets sind quadratische, in Fett gebackene Teigstücke, die mit Puderzucker bestreut sind. Es gibt sie auch mit Fruchtfüllung.

Nach zum Glück nur kurzer Wartezeit ergattern wir einen Tisch im Außenbereich. Recht schnell kommt auch eine der fleißigen Kellnerinnen und nimmt unsere Bestellung auf. Kurz darauf können wir uns an den mit reichlich

Puderzucker bestäubten Gebäckstücken, die hier stets in 3er-Portionen serviert werden, und an frischem heißem Kaffee laben.

Während wir das für uns etwas ungewöhnliche Frühstück genießen planen wir den weiteren Tag, gehen aber auch unserer lieben Gewohnheit des „Leuteguckens" nach - und dafür finden sich hier unzählige Objekte....

Nachdem wir uns satt gegessen, getrunken und gesehen haben, setzen wir unsere Besichtigungstour fort. Diesmal umrunden wir den Jackson Square, um uns anzuschauen, was die hier in großer Zahl stehenden fliegenden Händler anzubieten haben.

Die Palette reicht von selbst gemalten Bildern über handgeflochtene Körbe bis zu Zauber- und Voodoo-Artikeln aller Art, nicht zu vergessen die augenscheinlich allgegenwärtigen bunten Perlenketten.

Irgendwann haben wir uns dann schließlich bis zur St.-Louis-Kathedrale vorgearbeitet.

Unserem Reiseführer entnehmen wir Folgendes:

Die genaue Bezeichnung dieser großen Kirche lautet Cathedral Basilica of Saint Louis, King of France. Sie ist der Sitz des römisch-katholischen Erzbistums New Orleans.

Das Grundstück, auf dem die Kathedrale steht, gilt als ältester kontinuierlich genutzter Gottesdienstort der USA. Die erste Kirche an der Stelle der heutigen Kathedrale wurde 1727 fertiggestellt.

Am 21. März 1788 fiel die Kirche mit zahlreichen umgebenden Gebäuden einer Brandkatastrophe zum Opfer. Der Neubau wurde im Jahr darauf begonnen und 1794 fertiggestellt. Gleichzeitig erfolgte die Widmung der Kirche zur Kathedrale des neugegründeten Bistums New Orleans.

1819 erhielt die Kirche eine Turmuhr mit Geläut, für die der charakteristische mittlere Fassadenturm errichtet wurde.

Bei Erweiterungsarbeiten in 1849 stürzten auch die Bauteile ein, die eigentlich erhalten bleiben sollten, so dass ein vollständiger Neubau notwendig wurde. Die Pläne hatte der französischstämmige Architekt Jacques Nicolas Bussière de Pouilly entworfen, dem der Auftrag jedoch nach dem Einsturz entzogen wurde.

Die neue Kathedrale ist eine klassizistische Basilika, die viele Merkmale der Antebellum-Architektur der Südstaaten aufweist. Das Mittelschiff überspannt ein Tonnengewölbe, die flach gedeckten Seitenschiffe teilen Emporen in zwei Ebenen. Die Fassade erhielt zwei schlanke Ecktürme und einen hohen Mittelturm.

Papst Paul VI. verlieh der Kathedrale 1964 den Rang einer Basilica minor.

Am 12. September 1987 besuchte der damalige Papst Johannes Paul II. New Orleans und hielt in der Kathedrale eine Messe.

Obwohl wir sehr gerne Kirchen besichtigen, begnügen wir uns mit der Außenansicht der Kathedrale, da wir noch ein anderes Sightseeing-Highlight geplant haben.

So durchqueren wir erneut den Jackson Square, diesmal jedoch gemächlichen Schrittes, um diesen schönen, parkähnlich angelegten Platz auch zu genießen, der hier bereits seit 1721 existiert.

In der Mitte thront, wie bereits erwähnt, eine Reiterstatue von Präsident Andrew Jackson, die 1856 hier aufgestellt wurde. Jackson war von 1829 bis 1837 der 7. Präsident der USA und Gründer der Demokratischen Partei. Bevor er Präsident wurde diente er in der Armee. 1812 trug er mit seinen Truppen maßgeblich dazu bei, dass die Briten in der Schlacht von New Orleans geschlagen wurden. Daran soll dieses Denkmal erinnern.

Der gesamte Platz bzw. Park wurde 1960 zur National Historic Landmark erklärt. Er dient in erster Linie der Erholung und Entspannung, die leider wegen des herrschenden Touristentrubels wohl nur wenig zu finden sind. Hier finden aber auch zahlreiche Musik- und sonstige Veranstaltungen statt. Außerdem ist die Anlage immer wieder Schauplatz in Filmen, die in New Orleans spielen,

Unser nächstes Ziel ist dann das historische Gebäude der Jackson Brewing Company an der Decatur Street.

Die Jackson Brewing Company war eine regionale Brauerei, die in New Orleans von 1890 bis 1974 in Betrieb war. Zu ihrer besten Zeit war sie die größte Brauerei im Süden der USA. Das Gebäude hier an der Decatur Street ist inzwischen eine Historic Landmark und beherbergt heute zahlreiche Geschäfte, Restaurants und Entertainment, aber auch Wohnungen.

Wir schlendern durch das Gebäude und einige der dort ansässigen kleinen Läden, wie immer auf der Suche nach einem originellen Schnäppchen, doch fündig werden wir hier nicht. Wir verlassen das Gebäude auf der Rückseite und stehen, nachdem wir hier die Straßenbahnschienen überquert haben, direkt am Ufer des Mississippi, wo rechts auch schon unser nächstes Ziel zu sehen ist, der Anlegeplatz Toulouse St. Wharf der New Orleans Steamboat Company, wo die Natchez schon auf uns zu warten scheint.

Die Tickets für die zweistündige Jazz-Rundfahrt auf dem „Ol Man River" sind schnell besorgt und wir reihen uns in die Schlange der Wartenden ein, die sich bereits am Anleger gebildet hat.

Die „Natchez" ist laut Aussagen des Betreibers der einzige noch verbliebene echte Schaufelraddampfer auf dem Mississippi. Das jetzige ist das 9. Boot mit diesem Namen. Eins ihrer „Ahnen", die „Natchez VI", lieferte sich seinerzeit mit dem Dampfer Robert E. Lee das berühmteste Raddampfer-Rennen aller Zeiten. Auch heute noch ist die „Natchez" stolzer unbestrittener Meister auf dem Mississippi, denn niemals wurde eines der Schiffe in einem Rennen besiegt.

Das aktuelle Boot wurde 1975 vom Stapel gelassen. Ihre Motoren wurden 1925 ursprünglich für den Raddampfer Clairton gebaut.

Ein absolutes Highlight ist ihre alte, original erhaltene Kupfer- und Stahl-Dampforgel, das bekommen wir kurz nach dem Ablegen zu einer Fahrt auf dem Mississippi wahrlich zu spüren.

Wir haben es uns gerade auf dem hinteren Oberdeck unter einer Sonnenschutzplane gemütlich gemacht, als quasi direkt über uns ein ohrenbetäubender Lärm losbricht. Denn wir sitzen nicht nur oberhalb des riesigen, 25 Tonnen schweren roten Schaufelrades aus Eichenholz, sondern auch schräg unterhalb dieser Dampforgel.

Nach einigen unharmonischen Tonfolgen fügt sich das Ganze tatsächlich zu einer Dixieland-Melodie. Als dann auch noch der Kapitän des Dampfers seine Befehle an die Crew in ein Hand-Megafon brüllt, fühlen wir uns tatsächlich in das vergangene Jahrhundert zurückversetzt.

So genießen wir die Fahrt auf dem Mississippi ausgiebig und sind fast schon ein wenig enttäuscht, dass die zwei

Stunden, die uns hier vergönnt sind, so schnell vorbeige-
hen.

Als wir wieder festen Boden betreten ist es bereits
später Nachmittag. Wir beschließen ins Hotel zurückzukehren und etwas auszuruhen, um uns dann am Abend in das
berühmte Nachtleben der Bourbon Street zu stürzen.

So machen wir es dann auch. Während unseres abend-
lichen Bummels zurück ins French Quarter halten wir ständig Ausschau nach einer Gelegenheit für ein Abendessen
und angesichts des wachsenden Hungergefühls würde uns
auch ein Hamburgerladen durchaus reichen.

So etwas in der Art finden wir dann auch auf der Decatur Street 429 und der Name dieses Restaurants vertreibt
schlagartig den Gedanken an eine Fortsetzung unserer Suche: „Bubba Gump Shrimp Co." strahlt uns die Leuchtre-
klame an.

Zwar zögere ich selbst noch einen kurzen Augenblick,
denn ich bin absolut kein Fan von Nahrungsmitteln jegli-
cher Art, die aus dem Wasser kommen, doch ein Blick auf
die Speisekarte fegt sofort alle Bedenken beiseite - es gibt
auch Gerichte ohne Shrimps oder sonstiger Verwandter
dieser Meerestiere.

Wir bekommen einen ausreichend großen Tisch im
Lokal zugewiesen und schauen uns natürlich erst einmal
um. Alles ist mit Erinnerungsstücken aus dem bzw. an den
weiter oben bereits zitierten Film „Forrest Gump" dekoriert: Fotos, Kostüme, einige Requisiten wie Tischtennis-
schläger, etc.

Ein Ständer mit Blechschildern „Run Forrest Run" und
„Stop Forrest Stop" steht auf unserem Tisch und erregt

unsere Aufmerksamkeit, denn wir wissen nicht so recht, was das soll.

Doch nach kurzer Zeit tritt der für uns zuständige Kellner an unseren Tisch, bringt die Speisekarten und fragt nach unseren Wünschen hinsichtlich der Getränke.

Nachdem wir diese bestellt haben klärt der Kellner uns auf: So lange wir während unseres Aufenthaltes noch irgendetwas bestellen möchten, sollen wir das blaue Schild „Run Forrest Run" aufklappen; das ist das Zeichen für den Kellner, uns nach unseren weiteren Wünschen zu fragen.

Wenn wir hingegen gesättigt und nicht mehr durstig sind und bezahlen möchten, so sollen wir das rote Schild „Stop Forrest Stop" aufklappen, dann weiß der Kellner, dass er die Rechnung bringen soll.

Perfektes System...

Wir merken schnell, dass dieses System super gut funktioniert und wir wünschen uns, dass dieses auch in manchem Lokal oder Restaurant in der Heimat eingeführt würde, angesichts der dort zuweilen auftretenden unendlich langen Wartezeiten auf ein weiteres Getränk.

Die nächste Überraschung kommt mit dem Essen, denn dies wird keinesfalls auf Tellern serviert, nicht einmal in Pappbehältern, die man aus diversen Hamburgerläden kennt. Nein, die Unterlage ist ... eine Zeitungsseite! Es handelt sich jedoch nicht um eine echte Zeitung. Bei genauem Hinsehen stellen wir fest, dass uns mit dem Essen auch zugleich die neuesten Nachrichten aus Greenbow/Alabama serviert werden, der Heimatstadt von Forrest Gump.

Die Betreiber der Restaurantkette, die übrigens nichts mit der Filmproduktion zu tun haben sondern sich für ihre Geschäftsidee die Namensrechte sichern konnten, haben wirklich an alles gedacht, um für die Fans dieses Films - ja, ich bekenne, ich zähle mich auch dazu -, aber nicht nur für diese, eine entsprechende „Event-Gastronomie" zu schaffen. Dass zu dem Gesamtpaket natürlich auch der Verkauf von Merchandise-Produkten aller Art gehört, versteht sich dabei wohl von selbst.

Auch ich decke mich nach dem Verzehr des wirklich leckeren Riesen-Hamburgers, der schmackhaften Pommes frites und eines großen Erfrischungsgetränkes natürlich noch mit einigen Souvenirs ein.

Rundum satt verlassen wir das Restaurant, um uns in der noch immer warmen Abendluft nun wirklich in das weltberühmte Nachtleben von New Orleans zu stürzen. Von der Decatur Street wechseln wir links in die St. Louis

Street und finden uns nach nur drei Blocks auf der Bourbon Street wieder, dem 13 Blocks langen Mekka aller Partygänger in New Orleans.

Schon auf der St. Louis Street sind uns unzählige fröhliche Menschen entgegen gekommen, viele mit großen Trinkgläsern in der Hand und mit bunten Ketten behangen, doch das Getümmel hier auf der Haupt-Vergnügungsstraße übertrifft das noch bei weitem.

Typisches Haus im French Quarter

Hier reiht sich ein Jazzclub an den anderen, dazwischen befinden sich immer wieder Restaurants. Dies ist zudem das Zuhause für unzählige kleine Souvenirläden, die, was uns sofort auffällt, insbesondere auch die unterschiedlichsten Voodoo-Artikel und das, was wir als Laien auf diesem Gebiet dafür halten, im Angebot haben.

Natürlich sehen wir uns die Dinge genauer an, schließlich hat der Gedanke, den einen oder anderen unliebsamen Zeitgenossen daheim mit einem Fluch zu belegen oder ihm nur mit einem Nadelstich in eine Puppe Schmerzen zuzufügen, schon seinen Reiz. Doch wir können der Versuchung widerstehen.

Nicht widerstehen können wir allerdings den köstlichen Cocktails in den großen Gläsern, die hier alle auch auf der Straße trinken, da für New Orleans die in den USA seltene Ausnahme gilt, dass Alkohol auch in der Öffentlichkeit konsumiert werden darf.

Die Cocktails schmecken auch wirklich nicht schlecht, obwohl der Barkeeper, bewusst oder unbewusst, doch sehr am Alkohol gespart hat.

Wir lassen uns noch eine Weile mit dem Strom durch das French Quarter treiben, doch der, wenn auch nur mäßig genossene, Alkohol und die Tatsache, dass wir schon den ganzen Tag auf den Beinen sind, verlangen bald ihren Tribut. So gehen wir den nicht allzu langen Weg zum Hotel zurück, wo wir uns dann auch zügig zur Nachtruhe begeben.

Am nächsten Morgen heißt es, nach einem erstaunlich reichhaltigen Frühstück im Hotel Abschied zu nehmen von der Stadt am Mississippi-Delta.

Wüssten wir in diesem Moment, dass nur ein Jahr später eine gewaltige Naturkatastrophe das Gesicht von New Orleans vollkommen verändern würde, würden wir uns sicherlich vieles noch einmal genauer ansehen, während wir durch das Straßengewühl Richtung Highway fahren.

Doch wir wissen es natürlich nicht und so gilt unser Interesse bereits mehr dem Ziel unserer heutigen Etappe und den sehenswerten Dingen, die am Wegesrand auf uns warten.

Wir fahren auf der I-10 in Richtung Nordosten zu unserm heutigen Ziel Montgomery, der Hauptstadt des Bundesstaates Mississippi, wobei wir einen Zwischenstopp in Mobile/Alabama fest eingeplant haben.

Kurz nach Beginn unserer knapp 500 Kilometer langen Fahrt überqueren wir noch auf dem Gebiet von New Orleans die schmalste Stelle des Lake Pontchartrain, dann geht es auf dem Festland, aber immer in Küstennähe weiter. Viel gibt es unterwegs nicht zu sehen.

Nachdem die letzten Häuser der Stadt hinter uns liegen, passieren wir mit der Überquerung des Pearl River auch gleichzeitig die Staatsgrenze nach Mississippi.

Bis nach Mobile sind es ca. 150 Meilen (ca. 241 km), also ungefähr zwei Stunden Fahrtzeit, aber dennoch kommen wir nach gut der Hälfte dieser Strecke dem Wunsch der Raucher nach einer Pause nach.

Auf dem Rastplatz, dem Mississippi State Rest Area kurz hinter der Staatsgrenze, reiben wir uns dann verwundert die Augen. Nur wenige Meter von uns entfernt steht eine Mondlandefähre!

Die müssen wir uns natürlich genau ansehen. Einer Erklärungstafel entnehmen wir, dass es sich hier um ein Trainingsmodul der NASA-Apollo-Astronauten handelt, die hiermit in den 60er Jahren für die Mondlandungen trainierten.

Aufgestellt wurde das Objekt als Hinweis auf das nahe gelegene John C. Stennis Space Center, der größten Einrichtung, die die NASA zum Test von Raketenmotoren betreibt.

Der Gedanke an einen Abstecher zum dortigen Besucherzentrum ist verlockend, doch schließlich entscheiden wir uns doch für die Weiterfahrt.

Unterwegs lesen wir an den Abfahrten immer wieder Schilder, die auf die zahlreichen Küstenbadeorte hinweisen. Das gesamte Areal hier an der Küste ist eine beliebte Ferienregion, doch bis auf Gulfport und Biloxi haben wir die Ortsnamen noch nie gehört.

Was aber wohl den Amerikanern genauso geht, wenn sie in Deutschland Ortsbezeichnungen wie Bensersiel, Harlesiel oder ähnlich hören.

Eventuell ist Biloxi ja eingefleischten Lesern der Romane von John Grisham bekannt, der die Stadt häufig als Schauplatz für seine Geschichten wählt.

Gut 20 Kilometer vor Mobile weist ein Schild auf einen Ort hin, den ich Fans des hier bereits öfter zitierten „Forrest Gump" sicher nicht weiter erklären muss: Bayou la Batre, die Heimat von Bubba, Forrests bestem Freund.

Und wo wir gerade wieder bei diesem Thema sind: In dem Roman, der dem Film zu Grunde liegt, ist Mobile die Heimatstadt von Forrest Gump.

Mobile ist die größte Hafenstadt Alabamas sowie der Verwaltungssitz des Mobile County und liegt an der Mündung des Mobile River in die Mobile Bay.

Das Wort „Mobile" soll herzuleiten sein von „moeli" für „Paddler" aus einer Sprache der Choctaw-Indianer und sich ursprünglich auf den gleichnamigen Indianerstamm Mobile beziehen.

Die Besiedlung begann 1702 durch französische Einwanderer. Von 1724 bis 1735 wurde in der Stadt das Fort Condé errichtet. Nachdem die Franzosen 1763 das Fort verlassen hatten, übernahmen die Engländer die Stadt, später die Spanier und letztendlich wurde sie von den Amerikanern übernommen.

Nach dem Ende des Bürgerkrieges 1865 hielten sich noch viele Unions-Soldaten in der Stadt auf, außerdem existierten mehrere Munitionsdepots. Am 25. Mai 1865 kam es in einem Depot in der Beauregard Street, in dem etwa 300 Tonnen Granaten lagerten, zu einer schweren Explosion.

Die Gebäude in unmittelbarer Nähe des Lagers wurden vollständig zerstört, zwei Schiffe im Hafen sanken und Granaten wurden weit ins Stadtgebiet geschleudert, wo sie detonierten. Infolge der Explosion brach ein Stadtbrand aus, der vor allem den nördlichen Teil Mobiles verwüstete. Etwa 300 Menschen verloren dabei ihr Leben. Die Unglücksursache konnte nie endgültig geklärt werden.

Der Hafen von Mobile, der durch die Lage in der Mobile Bay sehr gut geschützt ist, gilt als einer der größten Seehäfen im Süden der USA. Durch die Baumwollverschiffung und die Navy-Präsenz gelangte die Stadt schon im 19. Jahrhundert zu Wohlstand. Noch heute ist der Hafen der wichtigste Wirtschaftsfaktor von Mobile.

Da die I-10 praktischerweise fast mitten durch Mobile führt, fahren wir an der Abfahrt zum Fort Condé von der

Schnellstraße herunter und finden uns quasi unmittelbar vor dieser Museumsanlage wieder. Wir fahren die wenigen Meter zum Fort Condé Welcome Center, wo wir auch sofort einen freien Parkplatz finden.

Der Eintritt in das Museum ist frei. Wir erfahren, dass es sich bei diesem Fort nicht etwa um das Original, sondern um einen auf 4/5 der ursprünglichen Größe reduzierten Nachbau eines Drittels des ursprünglich von den Franzosen gebauten Forts handelt. Dieser Nachbau wurde am 4. Juli 1976 aus Anlass der 200-Jahr-Feier der USA eröffnet.

Die verschiedenen Gebäude stehen zur Besichtigung offen und einige beinhalten zusätzlich noch Ausstellungen zu verschiedenen geschichtlichen Epochen.

Fort Condé in Mobile/Alabama

Das Original-Fort schützte Mobile und seine Bewohner für fast 100 Jahre, von 1723 bis 1820 und umfasste eine Fläche von 45.000 m². Es war aus Stein erbaut und von Erdwällen umgeben, die mit Zedernholz verstärkt waren.

Aus alten Dokumenten ging hervor, dass die Bauarbeiten damals von 20 Negersklaven und 5 weißen Handwerkern ausgeführt wurden. Sie errichteten das Fort in Form eines 7-zackigen Sterns, an jedem Eckpunkt stand ein großer Wachturm. Somit hatte es große Ähnlichkeit mit dem Castillo de San Marcos in St. Augustine in Florida, das wir auf unserer vorherigen Reise 2002 (s. „Von Manhattan zu den Manatees") besichtigt haben.

1820 genehmigte der US-Kongress den Verkauf und Abbau des Forts, da es nicht länger zur Verteidigung der Stadt benötigt wurde. Der Abbruch wurde später mit städtischen Mitteln finanziert, stattdessen wurden hier neue Straßen gebaut. Ende 1823 waren fast alle oberirdischen Spuren des alten Forts verschwunden, lediglich ein Teil der unterirdisch gebauten Bereiche war noch vorhanden.

Der Teil des Forts, der nun zu besichtigen ist, besteht aus einem Teil der Außenmauer sowie mehreren kleinen Gebäuden, die im Original der Fortbesatzung als Unterkünfte und Lager dienten. Insgesamt ist die Anlage ganz ansprechend und man kann hier ein Stück weit in die Geschichte eintauchen.

Doch nach einer guten Stunde haben wir auch genug gesehen und setzen unsere Fahrt fort, denn vor uns liegen noch weitere ca. 170 Meilen (gut 274 km) auf der I-65 in nordöstlicher Richtung bis Montgomery.

Wir verlassen Mobile nach Norden über Prichard, dann geht es vorbei an Orten mit Namen wie Saraland, Satsuma, Perdido oder Freemanville.
Zum Tanken und eine anschließende Pause fahren wir, wie es in den USA fast überall üblich ist, von der Interstate ab.
Die am Highway 113 gelegene Tankstelle macht einen guten und sauberen Eindruck, so dass wir den Stopp auch

gleich für einen Gang in die Waschräume nutzen. Außerdem nutzen wir die Zeit, um uns anhand unseres Reiseführers genauer darüber zu informieren, welche Sehenswürdigkeiten an unserem Ziel erwarten.

Am frühen Abend erreichen wir schließlich Montgomery.

Montgomery im Montgomery County ist nach Birmingham die zweitgrößte Stadt und zudem auch die Hauptstadt des US-Bundesstaates Alabama.

In den 1950er Jahren war Montgomery ein Zentrum der Bürgerrechtsbewegung.

Ihren Namen bekam die Stadt zur Erinnerung an den General Richard Montgomery, der im Unabhängigkeitskrieg vergeblich versucht hatte, das kanadische Québec zu erobern.

Während des Bürgerkrieges war Montgomery vom 4. Februar bis zum 29. Mai 1861 die erste Hauptstadt der Konföderation, also der Südstaaten, und Jefferson Davies legte auf den Stufen des Alabama State Capitol seinen Amtseid als Präsident der Südstaaten ab. Das erste Weiße Haus der Konföderation, der Amtssitz von Jefferson Davies, steht noch heute in der Stadt und kann besichtigt werden.

Nach der Schlacht von Selma am 12. April 1865 eroberten die Unionstruppen die Stadt.

In der zweiten Hälfte des 20. Jahrhunderts wurde Montgomery vor allem bekannt durch die Bürgerrechtsbewegung. Martin Luther King erreichte hier erste Erfolge und Rosa Parks weigerte sich hier, einen für Weiße reservierten Bussitzplatz zu räumen. Seit dieser Zeit berühmt ist die First Baptist Church, die den Bürgerrechtlern als Zentrum diente.

Die Stadt hat heute rund 200.000 Einwohner, davon sind ca. die Hälfte Afroamerikaner.

Ein berühmter Sohn der Stadt ist u.a. der Sänger Nat King Cole.

Da wir uns nach einer Dusche und vor allem auch nach einer stärkenden Mahlzeit sehnen, schlagen wir den direkten Weg zu unserem Hotel La Quinta Inn & Suites, 5225 Carmichael Road, ein. Auch dieses Hotel liegt außerhalb der Stadt, doch praktischerweise sehr nah an der I-85 und umgeben von Restaurants, Tankstellen und weiteren Motels. Und ganz in der Nähe ist befindet sich eine große Einkaufsmall.

Also checken wir zunächst ein, machen uns mit einer Dusche wieder fit und essen dann im fußläufig entfernten Hamburgerladen zu Abend, damit unsere ausgehungerten Mägen zu ihrem Recht kommen.

Anschließend frönen wir in der Mall ausgiebig unserer Leidenschaft des Shoppens - mit großem Erfolg, wie wir anschließend feststellen.

Nach einem stärkenden Frühstück im direkt gegenüber dem Motel gelegenen Waffle House machen wir uns am nächsten Morgen dann früh auf den Weg in die Innenstadt.

Da es sich bei unseren vorherigen Reisen und an fast allen Zielorten als gute Idee erwiesen hat, steuern wir auch in Montgomery zunächst das Visitor Center in der ehemaligen Union Station, 300 Water Street, an. Hier finden wir nicht nur einen freien kostenlosen Parkplatz sondern treffen, ebenfalls wie fast immer, nur auf freundliche und hilfsbereite Mitarbeiter.

Da wir uns untereinander natürlich auf Deutsch unterhalten merken die Mitarbeiter schnell, dass wir keine amerikanischen Touristen sind. Sie fragen nach unserer Herkunft und daraus entsteht eine nette Unterhaltung, in deren Verlauf wir mit Unmengen von Infomaterialien über die Stadt, die Region, die Geschichte, etc. versorgt werden.

Während des Gespräches blickt eine der Damen zum Fenster hinaus, wo offensichtlich ein Trolleybus ihre Aufmerksamkeit erregt.

Als dessen afroamerikanischer Fahrer hereinkommt spricht sie kurz mit ihm, dann wendet sie sich wieder uns zu und erklärt uns, als wäre es ganz selbstverständlich, dass dieser Fahrer uns nun gerne mitnehmen würde auf eine kurze Sightseeing-Tour durch die Stadt bis zum Capitol und dass dies natürlich für uns kostenlos sei.

Im ersten Moment sind wir sprachlos und glauben, wir hätten etwas nicht richtig verstanden. Doch dann bestätigt auch der Fahrer, der sich als Tom vorstellt, dass er sich freut, uns einen Teil seiner Heimatstadt zeigen zu dürfen.

Dieses Angebot nehmen wir gerne an. Wir verabschieden uns von den freundlichen Helfern im Visitor Center, natürlich nicht, ohne noch eine kleine Spende dort zu lassen.

Nur Augenblicke später sitzen wir im Bus und Tom erklärt uns, dass er ohnehin in die Nähe des Capitols müsse, da könne er auch einige kleine Umwege fahren und uns etwas von der Stadt zeigen, schließlich seien wir seine ersten deutschen Passagiere, daher mache er das sehr gern.

Da ist es wieder - eins der Dinge, warum wir die USA und die Menschen, die dort leben, so mögen: Diese Herzlichkeit und Freundlichkeit, mit der sie uns begegnen, und die Selbstverständlichkeit, mit der sie an manche Sachen herangehen.

Tom kutschiert uns kreuz und quer, vorbei am Rosa Parks Museum, am Civil Rights Memorial Center, an der First Baptist Church, am Sitz der Stadtverwaltung und vielen anderen sehenswerten Gebäuden. Dabei wird er nicht müde, uns von der Geschichte der Stadt und dieser Gebäude zu erzählen. Leider verstehen wir auf Grund seines starken Südstaatenakzents nicht alles, was er sagt, dennoch genießen wir diese unverhoffte exklusive VIP-Tour.

Insbesondere auf die Geschichte von Rosa Parks scheint der Afroamerikaner Tom zu Recht sehr stolz zu sein.

Rosa Louise Parks wurde am 4. Februar 1913 in Tuskegee, Alabama geboren. Von Beruf war sie zunächst Näherin, 1943 nahm sie eine Stelle als Sekretärin in Montgomery an und arbeitete dort nebenberuflich.

Die Rassentrennung war damals in Montgomery stark ausgeprägt. Selbst in den Linienbussen waren die Sitzplätze getrennt, allerdings nicht vollständig. Es waren vorne vier Reihen für Weiße reserviert, die oft leer blieben, aber von den afroamerikanischen Passagieren nicht benutzt werden durften. Der hintere Teil, der für sie reserviert war, war meist überfüllt. Außerdem gab es einen mittleren Abschnitt, den schwarze Personen benutzen durften, allerdings war eine komplette Reihe zu räumen, sobald auch nur ein weißer Passagier in dieser Reihe sitzen wollte.

Am 1. Dezember 1955 trat genau dieser Fall ein. Ein weißer Fahrgast verlangte im Bus Nr. 2857 die Räumung der reservierten Sitzreihe, in der sich auch Rosa Parks befand. Die übrigen Personen machten den Platz frei, doch die damals 42-Jährige weigerte sich, da sie nicht die übrige Fahrt hindurch stehen wollte. Der Busfahrer rief daraufhin die Polizei und Rosa Parks wurde wegen Störung der öffentlichen Ruhe verhaftet, angeklagt und zu einer Strafe von 10 Dollar plus 4 Dollar Gerichtskosten verurteilt.

Teilweise auch als Reaktion darauf organisierte Martin Luther King den Montgomery Bus Boycott, der später die Behörden dazu zwang, die Rassentrennung in Bussen und

Zügen aufzuheben, und der als Auslöser vieler anderer Proteste der Bürgerrechtsbewegung in Amerika gilt.

Rosa Parks wurde zur Ikone der Bürgerrechtsbewegung und blieb dort lange aktiv. Noch 1995 gehörte sie zu den Rednern beim Millionen-Mann-Marsch in Washington, D.C.

Im Laufe ihres Lebens erhielt Rosa Parks zahlreiche Ehrungen und Auszeichnungen, so verlieh ihr Präsident Bill Clinton 1996 die Freiheitsmedaille, 1999 erhielt sie die Goldene Ehrenmedaille des Kongresses, neben der Presidential Medal of Freedom die höchste zivile Auszeichnung in den USA.

Die American Public Transportation Association erklärte den 1. Dezember zum „Tribute to Rosa Parks Day". An diesem Tag soll in jedem Bus der Sitzplatz direkt hinter dem Fahrer ihr zu Ehren frei bleiben.

Nach ihrem Tod am 24. Oktober 2005 wurde Rosa Parks, als erste Frau überhaupt in den USA, vor ihrer Beisetzung im Capitol in Washington öffentlich aufgebahrt. Zur Beisetzung ordnete US-Präsident George W. Bush außerdem Trauerbeflaggung an.

Der „Rosa Parks Bus" wurde vom Henry Ford Museum in Dearborn erworben und kann dort bis heute besichtigt werden.

Leider ist unsere Fahrt viel zu schnell zu Ende und Tom stoppt mit dem Bus in der Nähe des Alabama State Capitol.

Wir bedanken und verabschieden uns ganz herzlich von ihm, natürlich nicht, ohne uns auch mit einem stattlichen Trinkgeld, das er zunächst gar nicht annehmen will, erkenntlich zu zeigen. Schließlich lässt er sich doch überzeugen und fährt laut hupend und fröhlich winkend davon.

Wir benötigen derweil einen Moment zur Orientierung, obwohl das große Gebäude, das einen ganzen Block einnimmt, wirklich nicht zu übersehen ist. Der Blick auf die Straßenkarte hilft uns weiter. Tom hat uns in der Monroe Street abgesetzt, somit stehen wir jetzt auf der Nordseite des Capitols vor dem Confederate Memorial Monument.

Der Sockel des Confederate Memorial Monuments

Diese beeindruckende 27 Meter hohe Säule wurde am 7. Dezember 1898 eingeweiht und ist den mehr als 122.000 Bürgerkriegsveteranen Alabamas gewidmet. Geplant wurde ihre Errichtung bereits im November 1865, doch die Realisierung verzögerte sich immer wieder.

Entworfen wurde das Monument von Gorda C. Doud und die Ausführung übernahm der Bildhauer Alexander Doyle aus New York.

Auf einem stufigen Sockel stehen vier Statuen, die die Mitglieder der vier militärischen Waffengattungen symbolisieren. Darüber erhebt sich aus der Mitte des Sockels eine monumentale Bronze- und Kalksteinsäule, auf deren Spitze eine von Doyle gestaltete Bronzefigur thront, die den „Patriotismus" darstellt.

Rund um das Monument stehen zudem vier Flaggenmasten, an denen die drei Flaggen der Konföderierten Staaten von Amerika sowie die Kriegsflagge der Konföderierten aufgezogen sind.

Immer wieder wurde und wird von Kritikern gefordert, das Denkmal abzureißen, da es die Überlegenheit der weißen Rasse glorifiziere. Zudem ist es häufig Ziel von Vandalismus, doch bis heute steht es an seinem Platz, an dem auch wir es während unseres Aufenthaltes in Montgomery betrachten.

Wir bummeln über die Bainbridge Street an der Frontseite des Kapitols vorbei. In diesem Gebäude hat nicht nur die aktuelle Politik ihr Zuhause, es ist auch seit Dezember 1960 im Nationalen Register Historischer Stätten eingetragen als erstes konföderiertes Kapitol.

Im Verlauf seiner Geschichte hatte Alabama fünf politische Hauptstädte. Die erste war St. Stephens im Jahre 1817, gefolgt von Huntsville in 1819; darauf folgt die erste "permanente" Hauptstadt Cahaba in 1820. 1826 wurde Tuscaloosa zur Hauptstadt, bevor schließlich 1846 Montgomery dazu erwählt wurde und es bis heute geblieben ist.

Auch das jetzige Kapitol ist bereits das vierte derartige Gebäude; das erste stand in Cahaba, das zweite in Tuscaloosa, die anderen beiden in Montgomery. Das erste Kapitol von Montgomery, das an gleicher Stelle wie das gegenwärtige stand, brannte nach nur zwei Jahren nieder.

Das aktuelle Bauwerk wurde 1851 fertiggestellt, wobei im Laufe der darauf folgenden 140 Jahre der ein oder andere Anbau hinzugefügt wurde.

Dieses Kapitol diente zeitweise auch als Kapitol der Konföderierten, da Montgomery 1861 die erste politische

Hauptstadt der Konföderierten Staaten von Amerika war, bevor Richmond/Virginia hierfür auserkoren wurde.

Wir denken kurz darüber nach, uns das Gebäude auch von innen anzusehen, aber das Wetter ist einfach zu schön und unsere Zeit leider auch relativ kurz bemessen. So schlendern wir weiter zur Südseite an der Washington Avenue. Hier befindet sich eine weitere Sehenswürdigkeit, die Avenue of the Flags.

Entlang eines halbkreisförmig angelegten Weges sind hier die Flaggen aller US-Staaten an Masten aufgezogen, zu deren Füßen jeweils ein Originalstein aus jedem Staat platziert ist, in den der Name des jeweiligen Staates eingraviert ist. Dieser für uns Europäer etwas ungewöhnliche Spazierweg wurde am 6. April 1968 offiziell eingeweiht.

Capitol und Avenue of the Flags in Montgomery

Das nächste geschichtliche und touristische Highlight finden wir direkt gegenüber auf der anderen Seite der Washington Avenue.

Hier steht The First White House of the Confederacy, das erste Weiße Haus der Konföderierten Staaten von Amerika.

Dies war der Amtssitz von Präsident Jefferson Davis, der hier mit seiner Familie lebte so lange Montgomery Hauptstadt der Konföderierten Staaten war. Das Gebäude ist noch immer mit Originalmöbeln aus der Zeit zwischen 1850 und 1860 eingerichtet und steht seit 1974 unter Denkmalschutz.

Das Gebäude hat den Bürgerkrieg überstanden und gehörte im Laufe der Zeit mehreren privaten Besitzern. Im Jahre 1919 wurde es von der „White House Association" erworben und 1921 restauriert.

Dass die Steuerzahler im Staat Alabama das Gebäude jährlich mit 100.000 Dollar subventionieren stößt immer wieder auf viel Kritik. Doch geändert wurde die Vorgehensweise bisher nicht.

Da wir mit unserem Eintrittsgeld den Anteil der Steuerzahler am Erhalt des Gebäudes sicher nicht reduzieren würden, beschließen wir auf eine Besichtigung zu verzichten. Das Wetter ist einfach zu schön, um die Zeit in leicht muffig riechenden Gebäuden zu verbringen, auch wenn das geschichtlich sicher höchst interessant ist.

Außerdem verrät ein verstohlener Blick auf die Uhr, dass es allmählich auch Zeit wird, zum Auto zurückzukehren und die heutige Etappe anzutreten.

Also gehen wir zielstrebig zurück zum Visitor Center. Unterwegs stellen wir fest, dass die Entfernung vom Kapitol dorthin gar nicht so weit wie von uns vermutet ist, aber da Tom uns offensichtlich wirklich kreuz und quer durch die Stadt gefahren hatte, hatten wir uns auf einen längeren Gewaltmarsch eingerichtet.

So kommen wir trotz des Spaziergangs ausgeruht an unserem Fahrzeug an.

Der Umstand, dass wir diese Reise aus zwei Einzelreisen kombiniert haben, macht es erforderlich, dass wir heute zunächst nach Atlanta zurückkehren. Von dort werden wir dann quasi den zweiten Teil unserer Reise - die Rundreise durch Florida - antreten.

Über die I 85 in nordöstlicher Richtung verlassen wir Montgomery und machen uns auf die knapp 260 Kilometer lange Fahrt nach Atlanta.

Dies liegt nicht nur in einem anderen Bundesstaat, sondern auch in einer anderen Zeitzone, denn hier gilt wieder Eastern Standard Time.

Die Grenze zwischen Alabama und Georgia überqueren wir gleichzeitig mit Überfahren des Chattahoochee Rivers, was fast auf halber Strecke geschieht.

Die eigentliche Fahrt über die Interstate bietet nicht viel Sehenswertes, es geht vorbei an Städten wie Auburn, LaGrange oder Grantville.

An einem Rest Area unterwegs nutzen wir die Notwendigkeit tanken zu müssen auch gleich für ein frühes Abend- oder, je nach Sichtweise, spätes Mittagessen.

Da wir das Hotel und dessen Umgebung in Atlanta ja bereits kennen, planen wir nach unserer Ankunft für den Abend keine großen Unternehmungen mehr. Einfach mal nur ausruhen und entspannen kann im Urlaub ja nun wirklich nicht schaden…

So lassen wir den ersten Teil dieses Urlaubs Revue passieren, während wir gemütlich in der Abendsonne vor dem Hotel sitzen:

Hinter uns liegen ca. 3.500 Kilometer, die uns unser Mietwagen zuverlässig durch den „alten" Süden der USA gebracht hat.

Wir haben in 12 verschiedenen Hotels übernachtet, die, was Sauberkeit, Service und Freundlichkeit des Personals anbelangt, allesamt durchaus empfehlenswert sind.

Wir haben unzählige Eindrücke gesammelt, die unterschiedlichsten Menschen getroffen, haben die unterschiedlichsten Landschaften, Städte, Dörfer und Sehenswürdigkeiten entweder durchfahren, zu Fuß erkundet oder besichtigt.

Wir stellen zweifelsfrei und übereinstimmend fest: Allein schon dieser Teil der Reise war ein Erlebnis und hat sich gelohnt.

Alles, was jetzt noch kommt, ist eine willkommene Zugabe - doch wie willkommen, das sollen wir noch erfahren…

Doch zunächst steht der folgende Tag dringend als „Hausfrauentag" auf unserer Agenda. Da wir einerseits Atlanta bereits ganz gut kennen, andererseits unsere mitgeführte Garderobe dringend einer Auffrischung bedarf, gibt es „große Wäsche".

Auch die bisher erworbenen Souvenirs müssen dringend gesichtet und sortiert werden, sprich wir kehren in unseren Koffern und Taschen das Unterste zuoberst und räumen gründlich auf, denn dafür fehlte uns bisher definitiv die Zeit - und sehr häufig vor allem die Lust.

Auch die bisher im Kofferraum unseres Wagens mehr oder weniger gut behütet aufbewahrten Einkäufe werden gesichtet und an ihre rechtmäßigen Besitzer übergeben, um endlich einmal wieder Ordnung zu schaffen.

Nicht, dass wir unordentlich wären, aber im Verlauf der langen Fahrt setzt sich halt doch ab und zu der Schlendrian durch.

Damit ist es nach diesem mehr oder weniger entspannten Ruhetag in Atlanta zum Glück vorbei. Nachdem wir den zumindest auf dieser Reise definitiv letzten Abend in Atlanta mit einem letzten Einkaufsbummel, einem schnellen Abendessen und schließlich einem gemütlichen Spaziergang in der Umgebung des Hotels verbracht haben, wird das Auto am nächsten Morgen mit ordentlich neu gepackten Koffern und Taschen beladen. Kein Fitzelchen Müll verschandelt den Innenraum, die frisch gefüllten Wasserflaschen befinden sich griffbereit in den dafür vorgesehenen Halterungen.

Derart bestens gerüstet und gut gelaunt beginnen wir den zweiten Teil unserer Reise und machen uns von Atlanta auf den Weg zu unserem heutigen Etappenziel Crystal River in Florida, wobei wir zunächst einen Abstecher nach Tallahassee, der Hauptstadt des Bundesstaates Florida, unternehmen wollen.

Noch einmal geht es vorbei am Georgia Aquarium und der World of Coca-Cola, dann fädeln wir uns zunächst auf der I-85, dem Downtown Connector, in südlicher Richtung ein.

Weiter südlich, aber noch immer innerhalb der Stadtgrenzen von Atlanta, trifft diese Interstate dann auf die I-75, die uns fast die gesamten heute zu bewältigenden gut 420 Kilometer nach Tallahassee in Florida bringen wird.

Ein kleines Teilstück zu Beginn unserer heutigen Fahrtstrecke ist uns nicht unbekannt, waren wir doch vor gut zwei Wochen, zu Anfang unserer Reise, bereits diese Strecke bis Macon gefahren.

Doch das lassen wir dieses Mal im wahrsten Wortsinne links liegen und fahren Richtung Süden. An der Ausfahrt 97 fahren wir rechts ab auf die GA-33, da die I-75 nach links abschwenkt und nach Tampa führt; das steht aber erst später auf unserem Reiseplan.

Die GA-33 ist eine typische Landstraße. Das Tempo ist gemächlicher als auf der Interstate, dafür bekommen wir aber auch mehr zu sehen. In Sylvester wechseln wir auf die GA-112, die fast schnurgerade in südwestlicher Richtung bis Bridgeboro durch dünn besiedelte Gegend führt.

Ab hier verläuft die Strecke wieder fast genau südlich auf der GA-270, die ab Hartsfield zur GA-202 wird. Kurz vor Thomasville wechseln wir dann auf die US-319 S, die uns direkt nach Tallahassee, wo wir auf dem Weg zu unserem heutigen Etappenziel Crystal River einen Zwischenstopp einlegen wollen.

Mit Pausen zur körperlichen Stärkung, zum Tanken und natürlich auch zum Rauchen dauert die Fahrt gute 5 Stunden, da wir aber bereits früh am Morgen in Atlanta gestartet sind, ist es erst kurz vor 13 Uhr, als wir von Norden her die Außenbezirke von Tallahassee erreichen.

Da wir uns hier das Regierungsviertel ansehen möchten, folgen wir der Beschilderung und finden schließlich problemlos einen Parkplatz am Visitor Center in der East Jefferson Street.

Im Center selbst erleben wir wieder einen „Murmeltiertag": Auch hier treffen wir nur nette Mitarbeiter, die uns mit jeder Menge Informationen versorgen.

Wie bereits erwähnt ist Tallahassee die Hauptstadt des US-Bundesstaats Florida und hat ungefähr 180.000 Einwohner. Die Stadt liegt im so genannten Florida Panhandle, etwa in der geographischen Mitte des ursprünglichen Staates, der erst später auch die Halbinsel umfasste.

Als 1539 der spanische Seefahrer Hernando de Soto die Gegend eroberte, gehörte diese zum Land des Indianerstamms der Apalachee, die vom 5. bis zum 17. Jahrhundert auf dem gesamten Florida Panhandle lebten. Sie gaben der

Gegend den Namen „Tallahassee", was in den Muskogee-Sprachen so viel wie „alte Stadt" oder auch „verlassenes Feld" bedeutet.

Als Florida 1822 ein Territorium der USA wurde, bewarben sich Saint Augustine und Pensacola darum, die Hauptstadt Floridas zu werden. Da man sich nicht auf eine der beiden Städte einigen konnte, wurde ein Ort dazwischen gesucht. Die hohen Hügel von Tallahassee zogen den Suchtrupp an und 1824 wurde die Stadt Tallahassee als Hauptstadt errichtet und schon bald wurde im ganzen Gebiet erfolgreich Landwirtschaft betrieben.

Rund um Tallahassee siedelten sich mehrere große Plantagen an, die Getreide, Baumwolle und Süßkartoffeln produzierten. 1860 lebten dort etwa 9.000 Sklaven. Nach dem Bürgerkrieg von 1861 bis 1865 kauften wohlhabende Nordstaatler viele der großen Plantagen als Wintersitz auf.

Obwohl Tallahassee stetig wuchs, nahm die Bedeutung der Landwirtschaft immer mehr ab. Heute sind die verschiedenen Regierungsstellen zusammengenommen der größte Arbeitgeber.

Als wir das Visitor Center wieder verlassen, müssen wir uns nicht lange orientieren, um den Weg zum Florida State Capitol, dem Sitz der Regierung, zu finden.

Uns fast direkt gegenüber reckt sich ein - ich sage es hier offen: nicht wirklich schönes - ziemlich monumentales Hochhaus in den blauen Florida-Himmel: Der in den 1970er Jahren errichtete Neubau des Kapitols.

Von unserem Standort ist es wahrlich alles andere als attraktiv. Wir hatten eigentlich erwartet, auch hier ein Kapitol vorzufinden, das all den anderen, die wir bereits gesehen haben, ähnelt, eines mit Kuppel und vielen Säulen. Dieser Bau könnte eher eine Bank beherbergen.

Auch das davor befindliche, etwas niedrigere, kastenförmige Gebäude atmet den Geist der 1970er Jahre; offensichtlich handelt es sich dabei um ein Bürogebäude.

Da wir hier jedoch eindeutig im politischen Zentrum der Stadt bzw. auch des Staates Florida und so nah am Kapitol sind, wollen wir unseren Rundgang durch die Stadt natürlich auch hier beginnen.

Nach nur wenigen Minuten Fußweg, u.a. vorbei am Rathaus von Tallahassee, hellen sich unsere Blicke schlagartig auf, denn es gibt auch hier ein wohlbekanntes Gebäude - mit Kuppel und Säulen: Wir stehen vor dem alten Florida State Capitol.

Das alte und dahinter das neue Capitol in Tallahassee

Aus dem Reiseführer, den wir im Visitor Center erhalten haben, erfahren wir, dass die erste Territorialregierung noch in Blockhütten residierte und der Bau eines Capitols 1826 begonnen, aber nie fertiggestellt wurde.

Schon 1839 wurde alles wieder komplett abgerissen um für das heutige, inzwischen unter Denkmalschutz stehende Gebäude Platz zu schaffen. Dieses wurde 1845 fertiggestellt, kurz bevor Florida als 27. Bundesstaat den Vereinigten Staaten beitrat. Seitdem wurden verschiedene Anbauten vorgenommen, zuletzt wurde 1936 und 1947 jeweils ein großer Gebäudeflügel für das Repräsentantenhaus und den Senat angebaut.

Am 7. Mai 1973 wurde das Florida State Capitol in das National Register of Historic Places aufgenommen. Als Ende der 1970er Jahre das neue Kapitol gebaut wurde, war das historische Gebäude vom Abriss bedroht. Eine Bürgerinitiative setzte sich erfolgreich für den Erhalt ein. Das Gebäude wurde auf den Stand von 1902 zurückgebaut und 1982 wieder für die Öffentlichkeit zugänglich gemacht.

Zu den architektonischen Besonderheiten gehören die aufwändig gestaltete Glaskuppel, die rot-weiß gestreiften Markisen und eine Darstellung des Siegels des Bundesstaates Florida über den Säulen am Eingang.

Weiter erfahren wir, dass das neue Kapitol 105 m hoch ist und 22 Etagen sowie drei unterirdische Geschosse hat.

Sehr interessant finden wir auch die folgenden Informationen über diesen Bau: Während der Bauzeit von 1016 Tagen wurden 3,2 Mio. Arbeitsstunden geleistet. Das gesamte Areal hat eine Fläche von 66,700 m², genug Grundstücksfläche für 400 Häuser.

Im Kapitol gibt es 66 öffentliche Toiletten, 40 Treppen, 14 Aufzüge, eine Tiefgarage mit 360 Parkplätzen und über 2000 Türen. Die Baukosten betrugen 43.070.741 USD. Weitere 1.957.338 USD wurden für die Landschaftsgestaltung, die Plaza, Fontänen und die Treppe an der Westseite aufgewendet. Die Gesamtsumme betrug 45.028.079 USD.

Ungefähr 1500 Menschen arbeiten einen großen Teil des Jahres im Kapitol. Wenn jedoch die Gesetzgebung tagt, befinden sich annähernd 5000 Leute im Gebäude. Die Architekten und Ingenieure, die das Kapitol entworfen und gebaut haben, schätzen die Lebensdauer auf 100 Jahre.

Auf dem gesamten Areal finden sich zahlreiche Denkmäler und Monumente; wir haben gar nicht die Zeit, uns diese alle anzusehen: So befindet sich zum Beispiel östlich des Bürogebäudes des Repräsentantenhauses eine Kopie der Liberty Bell. Diese Kopie war ein Geschenk der Vereinigten Staaten an die Bürger Floridas als Erinnerung an den Verkauf von Bundesschatzbriefen im Jahr 1950.

Im Innenhof des Kapitols steht ein 1984 eingeweihtes Denkmal zur Erinnerung an Martin Luther King.

Wir bummeln weiter über das Areal, denn das Wetter ist viel zu schön, um das eine oder andere Gebäude von innen zu besichtigen.

Bei unserem Rundgang finden wir schließlich doch noch etwas, was uns an dem neuen Kapitol wirklich gefällt: Vor der Westfront des Hochhauses, gegenüber dem Supreme Court, befindet sich ein moderner Brunnen mit einer Skulptur, die der Künstler, der sie 2003 hier installiert hat, *Stormsong* genannt hat.

Dabei handelt es sich um einige aus Metall erschaffene Delphine, die, wie ihre lebenden Vorbilder, in verschiedenen typischen Posen dargestellt sind.

Sie wirken allesamt sehr lebendig und wir halten uns hier sehr lange auf, um jeden einzelnen zu betrachten, aber auch, zugegeben, weil der Aufenthalt hier am Brunnen bei den herrschenden Temperaturen von mehr als 30°C äußerst angenehm ist.

„Stormsong" vor dem Capitol in Tallahassee

Dennoch zieht es uns bald weiter, zumal ein Blick auf die Uhr verrät, dass wir unsere Reise fortsetzen sollten.

Bis Crystal River sind es ungefähr 167 Meilen (ca. 269 km), also knapp drei Stunden Fahrt, und unterwegs wollen wir noch etwas essen und vielleicht auch ein wenig shoppen.

Schon kurz nachdem wir die Innenstadt von Tallahassee hinter uns gelassen haben winkt uns das Glück: Gleich mehrere Einkaufscenter locken entlang unserer Route!

So stoppen wir nach nur kurzer Fahrt wieder und sowohl das leibliche Wohl als auch das Bedürfnis nach Erwerb verschiedenster nötiger und unnötiger Dinge werden befriedigt - und das Auto ächzt allmählich unter der stetig wachsenden Gepäcklast...

Gut gelaunt fahren wir weiter auf der US 19S, die hinter Perry, wo wir es uns nicht verkneifen können, nochmals einen kurzen Stopp in einem Walmart Supercenter einzulegen, zur US 98S wird, rechts und links gesäumt von grünen Wäldern, die sich in dieser dünn besiedelten Gegend aneinanderreihen.

Dazwischen passieren wir immer mal wieder kleinere Orte wie Athena, Tennille oder Cross City.

Nachdem wir den Swannee River überquert haben wird die Gegend belebter, doch die Natur überwiegt bei weitem.

Entlang der Straße weisen immer wieder Schilder auf State Parks und Reserves hin und wir sind sicher, dass jeder einzelne davon einen Abstecher wert wäre, doch uns zieht es jetzt direkt zum Hotel, daher genießen wir die Landschaft vom Auto aus.

Am frühen Abend erreichen wir dann unser Hotel, das Plantation Inn & Golf Resort in Crystal River, genauer gesagt, 9301 W Fort Island Trail, Crystal River, FL 34429, USA.

Die Bezeichnung „Plantation Inn" hat durchaus ihre Berechtigung; das stellen wir fest, als wir über kreisförmige Auffahrt am Hauptgebäude im wahrsten Wortsinne vorfahren.

Dass hier alte Plantagenhäuser Pate gestanden haben, ist nicht zu übersehen. Offensichtlich haben wir mit der Auswahl dieses Hotels einen wahren Glücksgriff getan, was sich bestätigt, als wir schließlich unsere Zimmer in einem der Nebengebäude beziehen.

Beide Räume haben jeweils eine eigene Terrasse, die durch eine doppelflügelige Glastür erreichbar ist. Die Räume selbst sind gediegen eingerichtet und verfügen über reichlich Komfort, angefangen bei den unzähligen Kissen, die auf den beiden großen Queen-Size-Betten verteilt sind, über zwei bequeme Sessel, eine Kaffeemaschine mit mehreren Sorten Kaffee zur Auswahl, bis hin zur Minibar, die sich auch als Kühlschrank nutzen lässt. Natürlich ist auch eine Mikrowelle vorhanden.

Das Plantation Inn

Hier lässt es sich aushalten! Davon sind wir nur kurze Zeit später restlos überzeugt, als wir, nachdem wir uns in den Zimmern häuslich eingerichtet haben, den großen Außenpool nicht nur in Augenschein nehmen sondern auch gleich ausgiebig nutzen - das ist Urlaub!

Bis in den späten Abend hinein entspannen wir bei lauen Temperaturen hier am Pool und schmieden Pläne für den nächsten Tag.

Der beginnt nach dem Aufstehen mit einem Frühstück im Hotel, für das wir uns heute Zeit nehmen, denn wir werden den ganzen Tag in Chrystal River verbringen und auch in der kommenden Nacht noch im Plantation Inn schlafen.

Aus diesem Grunde werden wir einen weiteren Höhepunkt dieser Reise, der heute auf dem Programm steht, ausgiebig genießen können:
Wir besuchen heute den Ellie Schiller Homossassa Springs Wildlife State Park!

Das Plantation Inn ist ein idealer Standort für den Besuch des Parks, denn die Entfernung beträgt nur knapp 7 Meilen (11 km), also keine 15 Minuten Fahrzeit über die US19 bzw. 98S.
Da wir aber beabsichtigen, möglichst viel Zeit im Park zu verbringen, machen wir uns dennoch zeitig auf den Weg und stehen bereits kurz nach Öffnung des Parks an der Kasse, wo wir 9 Dollar Eintritt pro Person (inzwischen - 2017 - 13 Dollar für 1 Erwachsenen) gerne zahlen.

Bereits zu Beginn des 20. Jahrhunderts war dieser Park eine Touristenattraktion, als hier Züge hielten, deren Passagiere ausstiegen, um den kurzen Weg zum 17 Meter tiefen Homossassa-Quelltopf zu gehen.
Während die Passagiere den Anblick der Quelle und der dort beheimateten unzähligen Fische genossen, waren die Bahnmitarbeiter damit beschäftigt, die Fracht, bestehend aus Fischen, Krabben, Zedernholz und Quellwasser, zu verladen.

1964 erwarb die Norris Development Company das Areal, nannte es Homossassa Springs Nature's Own Attraction und legte den Schwerpunkt auf die Unterhaltung der Gäste durch Zurschaustellung einer Vielzahl exotischer Tiere und einiger heimischer Tierarten.
Der Tiertrainer Ivan Tors und seine Mitarbeiter hatten hier ihr Quartier aufgeschlagen und bildeten lange Zeit Tiere für Fernsehshows und Filme aus. Eins dieser Tiere war der Bär Buck, der als Double für den Bären in der TV-Serie „Mein Freund Ben" ,arbeitete'. Das Nilpferd „Lu", ebenfalls eins der Tiere aus der Gruppe von Ivan Tors, lebt

noch heute im Park und wurde zum Ehrenbürger des Staates Florida ernannt.

1984 schließlich wurde der Park vom Staat Florida gekauft und zu einem State Park gemacht. Die zeitgemäße Umgangsweise hinsichtlich der Haltung von Wildtieren hat das heutige Management des Parks extrem beeinflusst.

Sowohl die Sicherheit der Besucher als auch das Wohlergehen der Tiere haben oberste Priorität.

Wer mein zweites Buch „Von Manhattan zu den Manatees" gelesen hat, weiß, dass ich seit der darin beschriebenen Reise ein Manatee adoptiert habe (wer dies ebenfalls möchte, wende sich an den „Save the Manatee"-Club - im Internet -).

Da unsere Gruppe mehrere Manatee-Liebhaber umfasst, ist der Besuch in diesem Park einfach Pflicht, denn um diese Tiere live und hautnah zu erleben, ist der Ellie Schiller Homosassa Springs Wildlife Park genau richtig.

Hier werden u.a. Tiere aufgenommen und gepflegt, die verletzt wurden. Darunter auch viele Manatees, die nach Unfällen, zumeist Kollisionen mit Booten und deren Außenbordschrauben, gesundgepflegt und dann wieder in die freie Natur entlassen werden.

Für die richtige Einstimmung auf den Parkbesuch verschaffen wir uns zunächst im Visitor Center einen umfassenden Überblick. Empfehlenswert ist der ca. achtminütige Film über das Manatee-Reha-Programm.

Dann geht es los - und zwar mit dem Boot, das von hier bis zum Parkeingang fährt. Während der gemächlichen Fahrt stimmt uns ein Ranger mit allerlei interessanten Geschichten und Fakten auf den Parkbesuch ein.

Am eigentlichen Eingang starten wir dann unsere ausgiebige Entdeckungstour auf dem bestens angelegten hölzernen Rundwanderpfad, auf dem nicht einmal Regenunterstände fehlen.

Für Besucher, die mehr Abenteuerlust als wir in sich spüren, ist es natürlich auch möglich, den 1,1 Meilen (knapp 2 km) langen Hiking Nature Trail oder andere Wege in dem weitläufigen Gebiet zu gehen, um Tiere in freier Natur aufzuspüren.

Langsamen Schrittes, schließlich haben wir ausreichend Zeit - schlendern wir an den einzelnen Gehegen vorbei, begrüßen den Weißkopfseeadler, das Wappentier der USA. Damit dies auch jedem Besucher bewusst ist, prangt in seinem Gehege natürlich ein Sternenbanner...!

Wir gehen weiter, sehen zahlreiche Flamingos, Pelikane, Eulen und jede Menge heimische Vogelarten, die hier natürlich frei leben.

Etwas länger verweilen wir vor dem Gehege der Alligatoren, die faul in der Sonne liegen.

Es ist erstaunlich, wie nah man hier an die Tiere herankommt, die sich aber von den Touristen in ihrer Ruhe nicht stören lassen.

Leider nicht so nah zeigt sich der große Schwarzbär; er hält sich lieber abseits von den neugierigen Besuchern.

Weiter geht es zum Florida-Panther, einer Untergattung des Pumas, die stark bedroht ist. Doch hier im Park wird bestens für die Tiere gesorgt und es gibt inzwischen in den USA zahlreiche Projekte, die sich sehr um die Erhaltung dieser Spezies bemühen.

Natürlich statten wir auf unserem weiteren Weg auch dem bereits erwähnten Flusspferd Lu einen Besuch ab.

Inzwischen sind die Temperaturen stark angestiegen und wir legen eine längere Pause ein, bevor wir schließlich dem Highlight des Parks und dem Hauptgrund unseres Besuches entgegenstreben.

Manatee in Homossassa Springs

Die Manatees tummeln sich im Gewässer des Quelltopfs, wobei tummeln angesichts der behäbigen Fortbewegungsart dieser Tiere mit ihrem massigen Körper und dem kleinen Köpfchen wohl nicht der passende Ausdruck ist.

Von der Besucherbrücke aus, auf der wir uns zunächst platzieren, um den Anblick der Tiere förmlich in uns aufzusaugen, haben wir einen guten Überblick über das Wasser, auf dem jede Menge Kohlblätter und anderes Gemüse schwimmt - das Futter für die Manatees.

Immer wieder tauchen an verschiedenen Stellen kleine Schnauzen aus dem Wasser auf und schnappen sich das leckere Essen.

Wir zählen insgesamt 8 Manatees verschiedener Größe. Da das Gewässer jedoch ziemlich groß und in den weiter entfernteren Bereichen durch dichten Grünbewuchs am Ufer auch recht unübersichtlich ist, vermuten wir, dass insgesamt noch viel mehr Tiere das Wasser bevölkern.

Irgendwann haben wir uns von dieser Stelle aus sattgesehen und wechseln unseren Standort. Es bedarf nur einiger weniger Schritte hinab und wir stehen im Unterwasser-Observatorium. Durch die großen Panoramascheiben können wir die Manatees in voller Größe und - vor allem - in ihrer natürlichen Umgebung unter Wasser beobachten.

Die Tiere sind offensichtlich an die Zuschauer gewohnt, denn sie sind sehr zutraulich und kommen nahe an die Scheiben heran. Hätten wir Schwimmzeug statt normaler (wenn auch sehr sommerlicher) Bekleidung an, dann wäre es beinahe so als würden wir mit ihnen schwimmen.

Aber leider... einmal endet auch jeder schöne Moment im Leben und so müssen wir uns schweren Herzens von unseren Freunden verabschieden. Immerhin nehmen wir jede Menge Fotos von ihnen mit nach Hause. Die letzten Bilder ,schießen' wir schließlich noch von uns selbst an den ein paar Meter entfernt aufgestellten Papp-Manatees mit den runden Gesichtsausschnitten, durch die wir unsere eigenen Köpfe stecken. Sieht super aus!

Unser Aufenthalt im Park ist damit noch nicht ganz beendet, der Rundweg führt uns weiter an Gehegen mit heimischen Tieren vorbei, doch unvermeidlich geht es dem Ausgang, in diesem Fall dem Bootsanleger für die Rückfahrt zum Visitor Center, zu.

Während wir dann, am späten Nachmittag, gemeinsam mit anderen Besuchern dem endgültigen Ende unseres Aufenthaltes entgegenschaukeln, ziehen wir ein erstes Fazit und kommen gemeinsam zu dem Schluss, dass wir hier einen sehr schönen Tag mit unvergesslichen Eindrücken verbracht haben.

Wobei uns der krönende Abschluss noch bevorsteht, denn der Weg vom Anleger zum Visitor Center endet - völlig überraschend… im Souvenirshop!

Nach einigem Zögern (Scherz!) nehmen wir die freundliche Einladung, hier doch bitte ein paar Dollar in mehr oder weniger nützliche Andenken umzutauschen, gerne an.

Die Rückfahrt vom Park zum Hotel dauert dann doch länger als die Hinfahrt, denn schon unmittelbar nach der Abfahrt vom Parkplatz verspüren wir alle ein intensives Hungergefühl. Da ist es praktisch, dass sich in kurzer Entfernung vom Park gleich ein Einkaufszentrum mit Pizzeria, Burgerladen und anderen Restaurants bzw. Imbissbetrieben befindet.

Nach der wohlverdienten Stärkung mit anschließender Zigarette geht es dann aber wirklich direkt zurück zum Hotel, um dort den Tag entspannt im oder am Pool ausklingen zu lassen.

Auch am folgenden Morgen gönnen wir uns vor der Weiterfahrt ein entspanntes Frühstück in unserem neuen Lieblingshotel. Während die Männer anschließend den Wagen packen und alles abfahrbereit machen, drehen wir Frauen eine letzte Abschiedsrunde durch die Grünanlagen rund um das Hotel.

Schließlich brechen wir auf zu der wohl kürzesten Tagesetappe unserer ganzen Reise, denn unser nächstes Ziel, Tampa, liegt nur etwa 70 Meilen (etwa 113 km) entfernt.

Doch die haben es heute in sich. Seit dem frühen Morgen bereits sind dunkle Wolken am Himmel aufgezogen und schon kurz nach der Abfahrt vom Plantation Inn öffnet der Himmel seine Schleusen.

Der extrem starke Regen zwingt uns dazu, das Tempo zu verlangsamen, und so werden aus den eigentlich nur anderthalb Stunden Fahrzeit schließlich mehr als zwei Stunden.

Unsere Stimmung während der Fahrt ist wirklich nicht die beste, denn angesichts dieses Wetters müssen wir fürchten, unsere Pläne für den heutigen Tag über den Haufen werfen zu müssen.

Regen in Florida...

Eigentlich wollen wir in Tampa gleich Busch Gardens, eine Mischung aus Zoo und Vergnügungspark, ansteuern, dort den Tag verbringen und abends dann ins Hotel fahren. Doch bei diesem Wetter wird das nicht wirklich Spaß machen. Also wälzen wir unterwegs schon in unserem Reiseführer und suchen nach Alternativen.

Kurz vor Tampa jedoch - wir können es kaum glauben - lässt der Regen allmählich nach und als wir bereits kurz vor den Parkplätzen von Busch Gardens sind ist das Unwetter vorbei. Wer auch immer dafür gesorgt haben mag… wir sind ihm wirklich dankbar.

Natürlich ist die Luft noch schwül und noch immer hängen einige schwarze Wolken am Himmel, als wir aus dem Auto aussteigen, doch das stört nicht weiter. Wir freuen uns einfach nur auf ein paar fröhliche Stunden hier in Busch Gardens, denn noch kurz zuvor hätten wir nicht zu hoffen gewagt, hier wirklich den Tag verbringen zu können.

Busch Gardens Tampa wurde von der Anheuser-Busch-Brauerei gegründet und im März 1959 eröffnet. Inzwischen gehört der Park zu SeaWorld Parks & Entertainment, einem Tochterunternehmen der Blackstone Group.

Hier in Busch Gardens Tampa ist Afrika das beherrschende Motto. Mit mehr als 2.700 Tieren ist dieser Themenpark eine der größten zoologischen Institutionen der USA und gleichzeitig ein großer Vergnügungspark.

Hier gibt es insgesamt 22 verschiedene Attraktionen, darunter allein 6 Achterbahnen und 3 Wasserbahnen. Aber auch, wie insbesondere unsere Männer höchst interessiert zur Kenntnis nehmen, da sie auf Kostproben hoffen, das Hospitality House und die Anheuser-Busch Beer School mit Informationen über die Bierherstellung.

Das gesamte Parkgelände ist ca. 112 Hektar groß, die jährliche Besucherzahl beläuft sich auf ungefähr 4 Millionen.

Wir sind uns bewusst, dass ein derart geballtes Vergnügungsangebot seinen Preis hat und so sind wir nicht erstaunt, als man uns an der Kasse 85 Dollar pro Person für den Eintritt abverlangt (inzwischen, 2017, kostet das einfache Tagesticket etwa 105 Dollar, etwas billiger ist es, wenn man es vorab online kauft).

Es dauert nur wenige Minuten und wir befinden uns mitten im Abenteuerland - und ein bisschen fühlen wir uns tatsächlich wieder wie Kinder.

Da das zentrale Thema des Parks Afrika ist, haben die einzelnen Bereiche natürlich Namen wie Morocco, Nairobi, Congo, Egypt, Stanleyville oder Edge of Africa.

So müssen wir uns gleich hinter dem Eingang entscheiden, ob wir lieber zuerst Marokko oder Ägypten besuchen wollen. Ein Blick auf die Karte macht uns die Entscheidung leicht - wir wählen den goldenen Mittelweg und gehen zwischen beiden Attraktionsbereichen durch nach Nairobi, denn hier gibt es eine Haltestation der Congo Train.

Mit diesem Zug kann man einmal durch den ganzen Park fahren, vor allem aber führt die Trasse mitten durch die Gehege der in Busch Gardens lebenden afrikanischen Großwildtiere. So können wir diese Tiere auf äußerst komfortable Weise in ihrem fast perfekt nachgebauten natürlichen Lebensraum beobachten.

Hinsichtlich der Haltung dieser Tiere wird in Busch Gardens größter Wert darauf gelegt, ihnen so viel Freiraum wie möglich zu geben, natürlich nicht, ohne die Sicherheit der Besucher aus den Augen zu verlieren.

Ob es jedoch von großem Sinn und vor allem im Interesse der Tiere ist, dass die ein oder andere Achterbahn in unmittelbarer Nähe der Gehege platziert ist und die Tiere mit einem höllischen Geräuschpegel aus kreischenden, johlenden Stimmen und ratternden Rädern beschallt werden, lasse ich an dieser Stelle einmal dahingestellt sein.

Kritiker könnten jetzt sagen, wir hätten aus Respekt vor den Tieren auf den Park-Besuch verzichten sollen, doch waren und sind wir der Ansicht, dass man sich immer erst einen eigenen Eindruck verschaffen sollte, bevor man über

Dinge urteilt. Allerdings gebe ich offen zu, dass wir uns auch schon seit Beginn der Reise auf diesen Spaßtag gefreut haben.

Da der Park an diesem Tag nicht übermäßig voll ist müssen wir an der Bahnstation nicht lange auf einen der im Kolonialstil designten Züge warten. Zudem haben wir Glück, dass noch ausreichend Plätze frei sind, so dass wir auch mitgenommen werden.

Kurz darauf rollt der Zug in äußerst gemächlichem Tempo durch die Serengeti Plain, das bereits erwähnte riesige Freigehege mit Giraffen, Zebras, Löwen, Antilopen, Hyänen, Rhinozerossen, Affen und anderen afrikanischen Wildtieren.

Gorillas in Busch Gardens

Natürlich sind die verschiedenen Gattungen voneinander getrennt, doch die Gehegegrenzen, Zäune, Gräben, etc. sind so gut in die Landschaft integriert, dass sie kaum auffallen. Wären da nicht die bereits erwähnten Achterbahnen und ihre Geräusche, man könnte wirklich glauben, auf Safari in Afrika zu sein.

Die Rundfahrt dauert eine ganze Weile, zum einen, da Busch Gardens sehr groß ist, zum anderen aber auch, um den Besuchern ausgiebig Gelegenheit zu geben, die Tiere zu beobachten.

Der sicherlich auch beabsichtigte und durchaus begrüßenswerte Nebeneffekt dieser durch den gesamten Park führenden „Reise" ist, dass man sich einen sehr guten Überblick über die Anlage und die einzelnen Attraktionen verschaffen kann. Daher sollte ein Tag in Busch Gardens am besten mit der Congo Train beginnen.

Auf diese Weise stellt sich ziemlich schnell heraus, dass einigen von uns eine schwierige Entscheidung erspart bleibt - nämlich die, mit welcher der Achterbahnen wir fahren sollen…

Beim Anblick der gewagten Konstruktionen muss ich nicht lange darüber nachdenken: Ich werde keinesfalls auch nur einen Fuß in eine dieser Höllenkonstruktionen setzen!

Einige meiner Reisebegleiter sind mutiger und trauen sich im weiteren Verlauf unseres Aufenthaltes sogar in insgesamt drei dieser Monstren hinein - und kommen jedes Mal sogar fröhlich lachend und ohne gesundheitliche Schäden wieder heraus. Doch das kann mich nicht überzeugen…

Wildwasserbahn Stanley Falls

Dann schon lieber die Wildwasserbahn Stanley Falls, zumal eine kleine äußere Erfrischung bei den inzwischen herrschenden Temperaturen sehr willkommen ist. Mit diesem Argument kann ich auch meine Reisebegleiter überzeugen, mit den Baumstammbooten zu fahren - und wir bereuen es nicht. Die Fahrt macht Riesenspaß und wir werden nicht allzu nass.

So erfrischt setzen wir unseren Weg durch den Park fort. Natürlich lassen wir uns auch gerne in die zahlreichen Geschäfte locken, doch zu umfangreichen Käufen kann man uns dieses Mal nicht verführen, wir genießen einfach das Stöbern in den zum Teil unglaublich kitschigen Souvenirartikeln, die hier feilgeboten werden.

Dann wieder schauen wir dem um uns herum herrschenden Trubel zu - Leute gucken macht einfach viel zu viel Spaß.

So vergeht die Zeit, inzwischen ist es bereits Nachmittag. Nun verlangt es uns doch wieder nach ein wenig Action.

Die hoffen wir bei den Congo River Rapids zu finden. Auch dies ist im Prinzip eine Wildwasserbahn, doch sitzt man hier in großen runden Schlauchbooten, die auf ihrem Weg durch das Wasser konstruktionsbedingt nicht geradeaus fahren, sondern sich drehen, was, wie wir erkennen, als wir in eines dieser Boote steigen, mittels eines in der Mitte befindlichen Steuerrads von den Insassen auch selbst gesteuert werden kann. Unter dieser Lenksäule befinden sich Ablagemöglichkeiten für Taschen, Rucksäcke oder Jacken, die mit einer wasserfesten Folie abgedeckt werden, bevor sich das Boot in Bewegung setzt.

Zunächst ist es eine eher geruhsame Fahrt und das Boot stößt nur hin und wieder an die Kanalabgrenzung, so dass etwas Wasser in das Boot und auf die Passagiere spritzt, was wir als willkommene Erfrischung empfinden. Auch die Rotationen machen uns nichts aus, die Fahrt macht wirklich Spaß, erst recht, als das Boot Fahrt aufnimmt und immer schneller und mit immer mehr Rotationen durch die künstlichen Wellen pflügt, wodurch natürlich auch mehr Wasser ins Boot und auf uns Passagiere schwappt.

Congo River Rapids

Was dann aber nach einer Wegbiegung passiert, damit haben wir nicht gerechnet: Von einer Brücke aus werden wir mit Wasserkanonen beschossen!

Andere Parkbesucher haben einen Heidenspaß daran, mit diesen Kanonen auf die Boote und deren Passagiere zu schießen. Und einige dieser Schützen sind absolute Könner. Mit wenigen gezielten Treffern gelingt es ihnen, uns tatsächlich bis auf die Haut nass zu machen! Es ist so, als hätten wir vollbekleidet geduscht, am ganzen Körper, von den Haaren bis zu den Sandalen, haben wir keine trockene Stelle mehr am Leib!

Dennoch haben wir bis zum Ende dieser Fahrt weiter unseren Spaß. Ein Glück nur, dass es so warm ist, sonst wäre eine Lungenentzündung vorprogrammiert.

Nachdem wir ausgestiegen sind, gesellen wir uns zu den unzähligen anderen Bootfahrern, die sich zumindest ihrer nassen Schuhe und Socken entledigen und genau wie wir versuchen, die Kleidung und die Haare irgendwie halbwegs trocken zu bekommen. Einzig unsere Taschen bzw. Rucksäcke, die wohlweislich unter der Abdeckung lagerten, sind trocken geblieben.

Dann verharren wir, noch immer nass bis auf die Haut, noch auf ein, zwei Zigarettenlängen in der Sonne, doch leider hilft das auch nicht viel, das unangenehm klamme Gefühl von nasser Wäsche auf der Haut bleibt. Da es aber ohnehin bereits späterer Nachmittag ist und zudem auch wieder einige dunkle Wolken am Himmel aufziehen, beschließen wir, den Park zu verlassen und zum Hotel zu fahren.

Auf dem Parkplatz erweist es sich als weise Voraussicht, dass wir erst nach Busch Gardens und nicht zum Hotel gefahren sind, denn so befindet sich unser Gepäck noch im Auto.

Es ist sicherlich ein lustiger Anblick, wenn sich fünf Personen gleichzeitig, halbwegs geschützt durch einen Minivan, mehr oder weniger nackt ausziehen und dann komplett frische Kleidung anziehen. Zum Glück ist noch gerade genügend Platz im Auto, dass wir die nassen Sachen einigermaßen geordnet für den Transport ausbreiten können, bevor wir sie dann am Abend in den Zimmern zum Trocknen aufhängen werden.

Tampa ist nach Jacksonville und Miami die drittgrößte Stadt Floridas mit ungefähr 350.000 Einwohnern. Diese verdienen ihr Geld hauptsächlich im Dienstleistungsbereich, im Einzelhandel, Finanz- und Versicherungswesen, beim Schiffsbau, im Profisport und in der Tourismusbranche.

Der Name Tampa taucht in der Sprache der Calusa auf, ein indigenes Volk, das sich südlich der Tampa Bay angesiedelt hatte. Er bedeutete ursprünglich so viel wie Feuerstäbe und bezieht sich dabei wohl auf die in den Sommermonaten häufig auftretenden Gewitter in der Region. Am 18. Januar 1849 wurde Tampa mit 185 Einwohnern offiziell als Siedlung gegründet.

Von Busch Gardens bis zu unserem Hotel, einem Quality Inn & Suites, sind es ungefähr 7 Meilen (11 km), also eine gute Viertelstunde Fahrzeit, die sich bei dem nun allerdings vorherrschenden Feierabendverkehr dann doch auf fast 40 Minuten ausdehnt.

Bei unserer Ankunft sind wir erstaunt über den großen Andrang an Gästen an der Rezeption. Entsprechend lange dauert es, bis wir an der Reihe sind und einchecken können, wobei die Raucher die Zeit natürlich wie immer sinnvoll nutzen…

Die freundliche Dame an der Rezeption nimmt unsere Voucher entgegen und prüft die Reservierung im Computer. Offensichtlich fallen ihr die deutschen Namen sofort auf, denn sie blickt uns lächelnd an und begrüßt uns noch einmal, jetzt jedoch statt des üblichen „Hi" mit einem akzentfreien „Guten Tag, herzlich willkommen in Tampa".

Unsere Überraschung wird noch größer, als wir während des Gespräches erfahren, dass sie gebürtige Deutsche ist und aus Bochum stammt. Als wir erklären, wir seien aus Dortmund, ruft sie eine Kollegin aus dem hinteren Büro und bittet diese, sich um die anderen Wartenden zu kümmern, sie brauche etwas Zeit für ihre „friends from Germany".

Es wird ein recht langes Gespräch, an dessen Ende wir uns auch nach dem Grund für diesen offensichtlichen Massenandrang hier im Hotel erkundigen. Gaby, so heißt unsere neue Freundin, die seit mehr als 20 Jahren mit einem hier in der Nähe stationierten amerikanischen Soldaten verheiratet ist, erklärt lapidar und fast beiläufig, dass dies Personen seien, die wegen des aufziehenden Hurrikans bereits evakuiert wurden.

Für einen kurzen Moment sind wir sprachlos; zwar hatten wir beiläufig einigen Nachrichten und Zeitungsmeldungen entnommen, dass wohl ein Hurrikan auf Florida zukäme, doch richtig bedrohlich hatten sich diese Meldungen nicht angehört.

Gaby gibt uns schließlich unsere Zimmerkarten, wir verabschieden uns herzlich und gehen in unsere Zimmer. Dabei kommen wir auch am Hotelpool vorbei, doch nutzen wird diesen vorerst wohl niemand. Um die Gartenmöbel vor dem Hurrikan in Sicherheit zu bringen bzw. um die Gäste vor umherfliegenden Gartenmöbeln zu schützen, hat das Hotelpersonal diese kurzerhand alle in den Pool hineingeworfen…

Nachdem wir uns frisch gemacht haben treffen wir uns in einem der Zimmer, machen den Fernseher an und verfolgen die Nachrichten und Wettermeldungen. Für den nächsten Tag haben wir die Weiterfahrt nach Naples geplant. Nun sind wir unsicher, ob dies überhaupt noch möglich sein wird.

Doch die Meldungen beruhigen uns, denn sie besagen, der Hurrikan würde frühestens am folgenden Abend und dann viel weiter nördlich auf Land treffen.

Wir gehen auch noch einmal zur Rezeption und erkundigen uns bei Gaby, was sie uns raten würde. Doch auch sie erklärt uns, dass unserer Weiterfahrt nichts entgegenstehen dürfte.

Sie ruft sogar für uns in unserem gebuchten Hotel in Naples an und lässt uns das Gespräch mithören. Der freundliche Mitarbeiter an der dortigen Rezeption erklärt, wir sollten uns keine Sorgen machen, das Hotel sei extra hurrikansicher gebaut und wir sollten auf jeden Fall kommen und uns Naples nicht entgehen lassen.

Um ganz sicher zu gehen, versuchen wir auch, das Touristenbüro in Miami zu kontaktieren, welches uns für Notfälle als Ansprechpartner von unserem Reiseveranstalter genannt wurde, allerdings erreichen wir dort niemanden.

Um alle Optionen in Ruhe abzuwägen und um vor allem unsere Mägen, die fast den ganzen Tag über nichts zu tun bekommen hatten, zu ihrem Recht kommen zu lassen, fahren wir zunächst aber zum Abendessen - heute ist leckere Pizza angesagt.

Dabei entscheiden wir uns dann, unsere Reise am nächsten Tag planmäßig fortzusetzen und weiter in Richtung Süden nach Naples zu fahren.

In dieser Nacht ist unser Schlaf nicht ganz so entspannend wie sonst...

Am nächsten Morgen machen wir uns schon relativ früh auf den Weg, um die ca. 165 Meilen (266 km) und somit ungefähr zweieinhalbstündige Fahrt nach Naples rechtzeitig hinter uns zu bringen.

Vor der Abfahrt suchen wir an der Rezeption noch nach Gaby, aber ihre Kollegin sagt uns, dass diese frei habe. Wir bedauern das sehr, obwohl wir ihr die Freizeit gönnen, und lassen ihr ganz herzliche Grüße ausrichten.

Dunkle Wolken hängen am Himmel, ab und zu regnet es und der Wind hat merklich aufgefrischt - offensichtlich alles Vorboten des Hurrikans.

Die Fahrt geht über die I-75 S, die parallel zur Küste verläuft. Doch unsere ursprüngliche Planung, unterwegs in den angesagten Badeorten wie Venice und Fort Myers jeweils einen längeren Zwischenstopp einzulegen und endlich die Füße (oder abhängig von der Wassertemperatur vielleicht auch mehr) in das Wasser des Golfs von Mexico zu tauchen, haben wir notgedrungen aufgegeben.

Entgegen unserer sonstigen Gewohnheit haben wir nun auch das Autoradio dauerhaft eingeschaltet, um stets die neuesten Hurrikanmeldungen mitzubekommen.

Wir haben Glück. Alle Meldungen klingen beruhigend und sagen übereinstimmend, dass der Hurrikan nicht so stark werden und ziemlich weit im Norden auf Land treffen würde.

So nehmen wir schließlich doch etwas Tempo aus unserer Fahrt und legen unterwegs ein paar kurze Pausen zum Rauchen und Beine vertreten ein.

Als wir nach Bonita Springs, etwas nördlich von Naples, kommen und das Wetter noch immer nicht spürbar schlechter geworden ist, werden wir mutig. Wir fahren von der I-75 ab und in westlicher Richtung direkt auf den Strand zu. Irgendwelche Absperrungen sind nirgends zu sehen und so können wir, wie erstaunlicherweise noch viele andere Personen, unseren Wunsch verwirklichen. Ein richtiges Bad im Ozean wagen wir zwar nicht, doch wir stapfen zumindest bis zu den Knien durchs Wasser.

Nach einer knappen Stunde setzen wir unsere Fahrt nach Naples fort, dessen Stadtgrenze wir auch bald darauf erreichen.

Naples ist der englische Name für Neapel und angesichts der unzähligen kleinen Kanäle, Tümpel und anderer Wasserstellen im Stadtgebiet ist diese Namensgebung nicht überraschend.

Über die Geschichte der Stadt findet sich folgender Text im Reiseführer:

Anfang des 18. Jahrhunderts lebten in dem Gebiet Indianer vom Stamm der Creek und der Calusa. Die Creek-Indianer überfielen, unterstützt durch die Engländer, in regelmäßigen Abständen die Calusa-Indianer im von Spanien besetzten Teil Floridas. Mitte des 18. Jahrhunderts waren die Calusa ausgerottet. 1877 kaufte der aus Philadelphia stammende Hamilton Disston einen rund 300 km langen Küstenabschnitt entlang der Küste zum Golf von Mexiko vom Staat Florida. Der Kaufpreis betrug 25 Cents pro Parzelle mit 4.000 m². Diese wurden dann für 10 US-Dollar an Einwanderer verkauft und die Besiedlung begann. Aber es wurden nur wenige Grundstücke verkauft und das Wachstum der Stadt stagnierte. 1886 kaufte eine Investorengruppe aus Kentucky ebenfalls Land von der Stadt, um für wohlhabende Geschäftsleute aus dem Norden hier Winterdomizile zu erstellen und der erste kleine Aufschwung stellte sich ein.

Das Jahr 1886 gilt auch offiziell als das Gründungsjahr der Stadt Naples. Die Lage verbesserte sich erheblich im Jahre 1922, als der Millionär Barron Gift Collier ebenfalls Land kaufte und auf eigene Kosten den Tamiami Trail (Tampa-Miami-Trail) durch die Everglades baute, so dass die Stadt somit endlich auch auf normalem Weg zu erreichen war.

1960 wurde fast die Hälfte aller Gebäude in Naples und der Umgebung durch den Hurrikan Donna vernichtet. Die Zahlungen der Versicherungen und der Neuaufbau führten endlich zum erhofften Aufschwung. Naples hat sich heute zu einer kleinen exklusiven Stadt entwickelt.

Genau diesen Eindruck gewinnen wir, als wir durch die Straßen zu unserem Hotel, dem Ramada Naples, 1100 Tamiami Trail N, Naples, FL 34102, fahren.

Die meisten der knapp 20.000 Einwohner der Stadt residieren in schmucken Einfamilienhäusern, viele davon mit Pool im Garten. Insbesondere in Strandnähe sind diese Häuser dicht an dicht gebaut, so dass fast das Bild von Wagenburgen entsteht. Weiter außerhalb dominieren dagegen große Grundstücke mit viel Grün rund um die einzelnen Häuser.

In der Nähe des Wassers reiht sich in den Straßen Geschäft an Geschäft, es ist eben eine typische Touristenstadt. Sicherlich würde es großen Spaß machen, durch diese Geschäfte zu bummeln und kleinere oder größere Souvenirs zu kaufen, doch die meisten dieser Läden sind nun geschlossen und zum Schutz gegen den Hurrikan haben die Besitzer die Schaufenster und zum Teil auch die Eingangstüren mit Brettern vernagelt.

Auch das Ramada liegt nach amerikanischen Verhältnissen gemessen nicht allzu weit vom Strand entfernt, daher kommen wir schon auf dem Weg dorthin in den Genuss dieser kleinen Sightseeing-Tour, die uns ins Bewusstsein bringt, dass es sich bei einem Hurrikan nicht einfach nur um einen etwas stärkeren Sturm handelt. Wir Mitteleuropäer kennen zwar entsprechende Fernsehbilder, doch dies jetzt hautnah zu erleben und quasi mitten im Geschehen zu sein, ist eine ganz andere Sache.

Bei unserer Ankunft im Hotel ist das Wetter schon bedeutend ungemütlicher als noch am Morgen bei unserer Abfahrt von Tampa. Es regnet heftig und der Wind weht in zum Teil starken Böen. Die dicken dunklen Wolken hängen extrem tief am Himmel und die Temperaturen sind ebenfalls um einige Grad gesunken.

Es erweist sich als Glück, dass wir von Tampa aus im Ramada angerufen und bestätigt hatten, unsere Reservierung in Anspruch zu nehmen, denn auch hier im Hotel haben einige Evakuierte aus umliegenden, stark gefährdeten Gebieten Zuflucht gesucht und das Hotel ist nahezu ausgebucht.

Während wir an der Rezeption darauf warten, einzuchecken, verfolgen wir eher beiläufig das Programm im Fernseher, der hier in der Lobby aufgestellt wurde. Doch dann verkündet der Sprecher die Nachricht, dass auf Grund des Hurrikans, dem man übrigens den Namen Charley gegeben hat, die Straße durch die Florida Keys bis nach Key West bis auf weiteres gesperrt sei. Womm….!!

Mit einem Schlag sind wir Opfer des Hurrikans, noch bevor dieser überhaupt richtig zugeschlagen hat. Denn dieser Satz bedeutet, dass offensichtlich unsere geplante Weiterreise nach Key West nicht stattfinden kann.

Wir beschließen, zunächst einmal einzuchecken und dann in einem unserer beiden Zimmer ‚Kriegsrat' zu halten.

Nachdem wir uns ein wenig frisch gemacht haben, diskutieren wir, bei laufendem Fernseher, welche Optionen wir haben. Um eventuell konkrete Auskünfte zu erhalten, versuchen wir mehrfach, wie schon in Tampa, telefonisch das Büro unseres Reiseveranstalters in Miami zu erreichen (zur Erinnerung: Wir schreiben das Jahr 2004 und wir haben zwar Handys mit teuren Auslandstarifen, aber Smartphones sind noch Zukunftsmusik…). Leider sind alle Anrufversuche vergeblich.

Am Ende beschließen wir, bis zum nächsten Tag zu warten. Allen Voraussagen zufolge soll der Hurrikan mit seiner ganzen Wucht ja viel weiter nördlich von uns auf Land treffen und vielleicht wird er auch gar nicht so schlimm werden wie vorausgesagt. Vielleicht wird die Straße dann wieder geöffnet und wir können unsere Reise wie geplant fortsetzen und zu Ende bringen. Vielleicht…., vielleicht….

Während wir noch beisammensitzen klopft es an der Tür. Eine Mitarbeiterin des Hotels steht mit einer Handvoll Kerzen freundlich lächelnd da und erklärt uns, dass wohl damit zu rechnen sei, dass der Strom ausfallen werde und wir die Notbeleuchtung dann gut gebrauchen könnten.

Inzwischen ist es später Nachmittag und draußen ist es immer dunkler geworden, Sturm und Regen werden immer heftiger, doch allzu bedrohlich wirkt es noch nicht.

Das Abwägen und Überlegen hat uns hungrig gemacht. Da zum Ramada auch ein Restaurant gehört, fällt uns angesichts der extrem widrigen äußeren Bedingungen die Entscheidung, wo wir zu Abend essen wollen, sehr leicht. Doch prompt in dem Augenblick, als wir das Licht ausschalten und das Zimmer verlassen wollen, wird es von selbst dunkel im Raum - der Strom ist weg!

Unsere Hoffnung, dass zumindest noch das Restaurant über elektrische Energie verfügt, erfüllt sich leider nicht. So bleibt uns nichts anderes übrig, als doch noch einmal mit dem Auto loszufahren und in der näheren Umgebung nach einem Fastfood-Restaurant zu suchen.

Auch die Straßenbeleuchtung ist ausgefallen, auf der Fahrbahn liegen bereits kleinere Äste und Palmenzweige, einige an Kabeln über der Straße aufgehängte Ampeln schaukeln bedrohlich. Nur einen geöffneten Imbiss finden wir nicht, obwohl es uns inzwischen schon völlig egal ist, ob wir Pizza, Hamburger oder auch nur ein belegtes Brot zum Abendessen bekommen.

Nach langer Suche leuchtet wie eine Erlösung das Zeichen einer Pizzeria. Als wir dort freudig anhalten und aussteigen wird unsere Freude gleich beim Betreten des kleinen Lokals gedämpft. Da es in weiterem Umkreis offensichtlich die einzige funktionierende Stelle zur Nahrungsbeschaffung ist, stehen in und vor dem Laden ungefähr 20 hungrige Gäste, die darauf warten, ihre Bestellung aufzugeben bzw. ihre Pizzen in Empfang zu nehmen.

Die drei Mitarbeiter hinter dem Tresen sehen uns mit einer Mischung aus Verzweiflung und Freude (über die offensichtlich unverhofften Einnahmen) entgegen und fragen freundlich nach unseren Wünschen, nicht ohne uns gleichzeitig darüber zu informieren, dass es wohl eine gute Stunde dauern würde, bis unsere Bestellung fertig sei.

Notgedrungen, da wir seit dem Frühstück nichts mehr gegessen haben, lassen wir uns darauf ein und warten geduldig.

Als wir unsere fertige Bestellung endlich in Händen halten steigen wir schnell in unseren Wagen und fahren zurück zum Hotel. Wir schaffen es tatsächlich noch, dorthin

zu kommen, bevor draußen das richtige Unwetter herein-
bricht.

Inzwischen ist es stockfinster, obwohl es eigentlich
noch früh am Abend ist. Der Sturm tobt und peitscht den
sintflutartigen Regen vor sich her.
Durch die Fenster unserer nebeneinanderliegenden
Zimmer können wir beobachten, wie die Palmen sich bedrohlich fast bis zum Boden neigen und kleinere Zweige
und Äste durch die Luft fliegen. Dennoch fühlen wir uns in
dem Raum sicher und lassen uns bei Kerzenlicht die Pizza
schmecken.

Wir beiden Raucher wagen es allerdings nicht, die
Zimmer auch nur für eine Zigarettenlänge zu verlassen. So
sorgt der Hurrikan schließlich sogar für unsere Gesundheit.
Obwohl der Lärm des heulenden Sturms und des peit-
schenden Regens unablässig dröhnt, schlafen wir in dieser
Nacht irgendwann doch ein, wohl nicht zuletzt auch dank
des Bieres und des Weins, die wir bei einem unserer zahl-

reichen Einkaufsstopps erstanden hatten und die wir uns an diesem Abend gut schmecken lassen.

Als wir am nächsten Morgen aufwachen, ist es vollkommen ruhig draußen, kein tosender Sturm, kein an die Scheiben prasselnder Regen. Stattdessen drängen einige zaghafte Sonnenstrahlen durch die noch vorhandene Wolkendecke. Nur elektrische Energie gibt es noch immer nicht.

Die Raucher trauen sich als erste hinaus aus den Zimmern, schließlich war gerade für sie der Abend äußerst entbehrungsreich.

Die Luft riecht etwas modrig, was wohl an den unzähligen abgerissenen und nun überall herumliegenden feuchten Blättern, Ästen, Zweigen und Blumen liegt. Da die Temperaturen selbst um diese frühe Ortszeit bereits wieder sehr angenehm sind, steigen hier und da sogar kleine Dunstwölkchen vom Boden auf.

Der Morgen danach - als wäre nichts gewesen...

Da wir heute auf jeden Fall weiterreisen müssen - auch wenn wir noch nicht wissen, wohin der Weg uns führen wird - packen wir in routinierter Weise schnell zusammen und machen zumindest das Auto schon mal startklar.

Dann gehen wir zum Restaurant, in der Hoffnung, dort ein Frühstück oder zumindest einen Kaffee zu bekommen. Außerdem wollen wir an der Rezeption erneut versuchen, unseren Reiseveranstalter in Miami anzurufen, um zu erfahren, wie es für uns weitergeht. Da wir unsere Mobiltelefone in der Nacht nicht aufladen konnten, müssen wir mit deren Akkuladung sparsam umgehen...

Auf unserem Weg begegnen wir anderen Hotelgästen, die uns mit einem fröhlichen aber offensichtlich völlig ernst gemeinten „Hi survivors!" (Hallo Überlebende) begrüßen. Nachdem dies auf dem relativ kurzen Wegstück mehrmals geschieht, werden wir doch etwas nachdenklich. Waren wir, die wir noch nie einen Hurrikan erlebt hatten, zu sorglos oder ist dies die typische amerikanische Art der Übertreibung?

Der geschätzte Leser möge sich ein eigenes Bild machen, daher zitiere ich hier im Original-Wortlaut einen dpa-Bericht vom 15. August 2004:

Hurrikan „Charley" verwüstet Teile Floridas
Punta Gorda - Der mächtige Hurrikan „Charley" hat eine Schneise der Verwüstung durch den US-Bundesstaat Florida gezogen und offenbar zahlreiche Menschenleben gefordert. Am schwersten betroffen ist die Region von Fort Myers am Golf von Mexiko. In einem völlig verwüsteten Wohnmobil-Park nahe der Kleinstadt Punta Gorda wurde nach Behördenangaben eine „wesentliche" Zahl von Opfern vermutet. In Medienberichten war zunächst von 15 Toten die Rede. Dem Fernsehsender CNN zufolge wurden bereits bei Tagesanbruch vorsorglich 60 Leichensäcke angefordert. Floridas Gouverneur Jeb Bush hat bestätigt,

dass Hurrikan „Charley" in dem Bundesstaat am Freitag Menschenleben gefordert hat. Die genaue Zahl stehe aber noch nicht fest, sagte Bush am Samstagmittag (Ortszeit) nach einem Besuch in den Katastrophengebieten. Rettungsmannschaften seien noch dabei, die Trümmerberge zu durchsuchen. Bush kommentierte insgesamt die Lage mit den Worten, die schlimmsten Befürchtungen seien wahr geworden.

Hunderte Menschen galten am Samstag noch als vermisst, und Tausende waren obdachlos, wie ein Sprecher des Bezirks Charlotte mitteilte. 1,8 Millionen Menschen im Westen Floridas waren am Samstag laut CNN noch ohne Strom. Bis zu fünf Meter hohe Flutwellen hatten die niedrig gelegenen Küstengebiete unter Wasser gesetzt. Gouverneur Jeb Bush, schätze das Ausmaß der Schäden auf mindestens 15 Milliarden Dollar (12,1 Milliarden Euro). Genau werde man dies aber wahrscheinlich erst in mehreren Tagen wissen.

In Punta Gorda hatte „Charley" am Freitagnachmittag (Ortszeit) mit seiner vollen Wucht das Land erreicht. Bei Windgeschwindigkeiten von mehr als 240 Stundenkilometern fielen Gebäude einfach zusammen. In der Region von Fort Myers konnten sich viele Menschen nicht mehr rechtzeitig in Sicherheit bringen, weil die Ankunft des Sturmes zunächst 100 Kilometer weiter nördlich im Gebiet von Tampa und St. Petersburg erwartet worden war. „Charley" zog in der Nacht zum Samstag dann quer durch Florida über Orlando hinweg und drehte schließlich bei Daytona Beach auf das Meer ab.

Damit war die Gefahr aber noch nicht vorbei. Mit Windgeschwindigkeiten von etwa 140 Stundenkilometern und damit abgeschwächt zu einem Hurrikan der Kategorie 1 bewegte sich „Charley" nordwärts an der Ostküste entlang und sollte im Laufe des Samstag in South Carolina wieder auf das Land zurückkehren. Hunderttausende Menschen brachten sich vorsichtshalber in Sicherheit, da auch ein Hurrikan der schwächsten Kategorie noch erhebliche

Schäden anrichten kann. Unklar war zunächst auch die Zahl der Verletzten. Angaben in Medien schwankten zwischen Dutzenden und Hunderten.

So sollen in Fort Myers mehr als 40 Menschen in Krankenhäuser gebracht worden sein, viele andere suchten das Medizinische Zentrum in Punta Gorda auf, das aber so schwer beschädigt war, dass die Patienten in andere Kliniken überwiesen werden mussten. Fest stand bereits, dass in verschiedenen Teilen der betroffenen Küstenregion drei Menschen bei Unfällen ums Leben kamen, die auf „Charley" zurückzuführen sind.

Bereits zuvor waren in Kuba vier Menschen durch den Hurrikan ums Leben gekommen. US-Präsident George W. Bush, der Bruder des Gouverneurs von Florida, erklärte den Staat zum Katastrophengebiet. Damit kann Florida Bundeshilfe bei den Such- und Rettungsarbeiten sowie beim Wiederaufbau erhalten.

Der Wirbelsturm war am Freitag um 15 Uhr 45 Ortszeit in der Nähe der 50 000 Einwohner zählenden Stadt Fort Myers auf die eng besiedelte Region geprallt. Nur drei Stunden zuvor hatte der Hurrikan überraschend seinen Kurs geändert, nachdem er zunächst Tampa und St. Petersburg angesteuert hatte. Hier hatten sich viele Menschen ins Landesinnere in Sicherheit gebracht, während den Menschen in und um Fort Myers nur kurze Zeit zur Flucht blieb. Insgesamt waren an der Westküste Floridas mehr als zwei Millionen Menschen vor „Charley" geflohen. Die Westküste Floridas war zum ersten Mal seit 1960 von einem schweren Hurrikan heimgesucht worden.

Zur Überraschung der Experten und der meisten Einwohner von Florida änderte der Wirbelsturm am Freitagnachmittag seine Richtung. Er prallte mit voller Wucht bei Fort Myers auf die Westküste Floridas und nicht 100 Kilometer nördlich im Gebiet von Tampa und St. Petersburg.

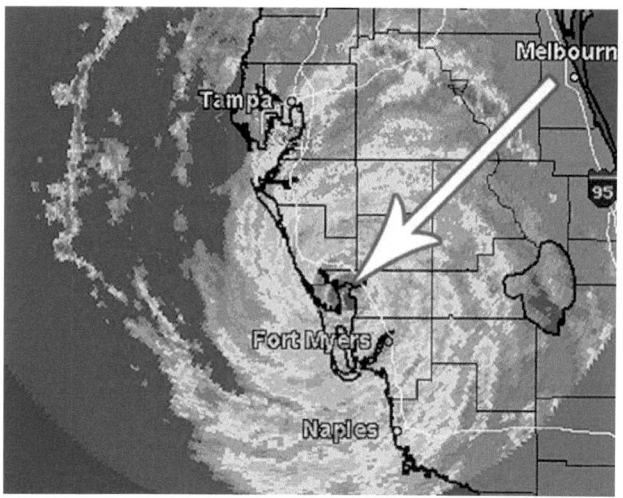

Hurrikan Charley auf seinem Weg über Florida

Innerhalb von nur fünf Stunden saugte sich der Hurrikan mit warmem Küstenwasser voll. Aus einem Hurrikan der Stufe zwei baute sich nach Angaben der Meteorologen dann ein „Monster-Hurrikan" auf. Er wird in der zweithöchsten Stufe 4 kategorisiert.

Auf der Flucht vor „Charley" waren viele Bewohner der Westküste nach Orlando ins Landesinnere oder gleich weiter bis nach Daytona an die Ostküste Floridas gefahren. Weil „Charley" dann aber plötzlich eine andere Route wählte, befanden sich die Flüchtenden nicht in Sicherheit, sondern mitten im Auge des Hurrikans. dpa

Das alles wissen wir jedoch noch nicht, als wir zunächst vor dem geschlossenen Hotel-Restaurant stehen und dann zur Rezeption gehen. Der freundliche junge Mitarbeiter, den wir dort antreffen, kann uns leider auch nicht weiterhelfen. Weder gibt es eine Möglichkeit, im Hotel ein Frühstück einzunehmen, noch funktionieren die Telefonleitungen. Er hat auch keine konkreten Informationen, wie es in den südlichen Teilen von Florida aussieht, da wegen des Stromausfalls natürlich auch keine Fernseher funktionieren.

So checken wir bei der Gelegenheit gleich aus und setzen uns dann zunächst einmal in unser Auto, um evtl. Informationen aus dem Autoradio zu bekommen. Es dauert nicht lange, da haben wir Gewissheit: Der Süden Floridas ist gesperrt, es besteht keinerlei Möglichkeit, in die Keys zu kommen.

Da unsere weitere Reiseplanung nun völlig in der Luft hängt wollen wir uns zunächst die Zeit nehmen, um ausgiebig zu frühstücken. Wir verlassen den Hotelparkplatz und fahren die gleiche Strecke wie am Vorabend, in der Hoffnung, jetzt am Morgen mehr als nur ein geöffnetes Restaurant zu finden.

Was wir jedoch zunächst finden, sind zahlreiche große Palmen, die vom Hurrikan entwurzelt quer oder längs auf der Fahrbahn liegen. Heruntergerissene Ampeln wurden meist schon an den Straßenrand geschafft, aber Dachziegel, Bleche, die wohl mal Vordächer waren, und vieles andere liegt noch immer im Weg. So gilt es, während der Fahrt doppelt aufzupassen: auf die unzähligen Hindernisse und auf einen Hinweis, wo wir ein Frühstück bekommen.

Wir kommen an der Pizzeria vorbei, die uns am Vorabend „gerettet" hat, doch die ist nun geschlossen. Nach einiger Zeit sehen wir einen McDonalds auf der rechten Seite, der große Parkplatz ist voller Autos - und das Reklamelicht leuchtet! Der Laden hat wirklich geöffnet und ist offensichtlich in weitem Umkreis der einzige.

So reihen sich drei von uns in die lange Warteschlange ein, um das Frühstück zu besorgen, während die anderen beiden sich daran machen, unseren Reiseveranstalter zu erreichen.

Doch so oft wir es auch versuchen, unter der angegebenen Telefonnummer in Miami erreichen wir niemanden.

Schließlich wählen wir den Anschluss in München, denn wir müssen wissen, wie es für uns weitergeht. Auch hier benötigen wir mehrere Anläufe und ein paar Stoßgebete zum Himmel, dass die Akkus der Handys lange genug halten mögen.

Schließlich haben wir tatsächlich Glück und am anderen Ende der Leitung meldet sich ein Mitarbeiter. Wir schildern ihm unsere Situation und es erweist sich, dass er über die aktuelle Lage hier in Florida offensichtlich gut informiert ist. Er bedauert, dass wir nicht in die Keys reisen können, aber eine Lösung unseres Problems kann er nicht wirklich anbieten. Wir beginnen zu ahnen, dass wir jetzt wohl auf uns allein gestellt sind und beschweren uns auch darüber, dass wir das Büro in Miami trotz unzähliger Bemühungen nicht erreichen konnten. Lapidar erklärt er uns, dass die dortigen Kollegen wegen des Hurrikans evakuiert worden seien…

Für einen Moment sind wir sprachlos! Die Mitarbeiter in einer nicht unmittelbar bedrohten Stadt werden evakuiert, die Touristen, von denen man ja genau weiß, wo sie sind, da sie nach einer festgelegten Route fahren und die einzelnen Hotels über den Veranstalter vorgebucht haben, überlässt man ihrem Schicksal - ich denke, nicht nur wir finden, dass dazu schon reichlich Chuzpe gehört…

Genau das sagen wir auch dem Mitarbeiter, doch es scheint ihn nicht wirklich zu belasten. Bevor wir das Gespräch beenden, lassen wir uns noch seinen Namen geben und notieren uns dann die genaue Uhrzeit und Dauer des Telefonats, denn wir werden diese Dinge natürlich nach unserer Heimkehr nicht auf sich beruhen lassen.

Nun aber gilt es, dringend eine Lösung, vor allem aber eine Unterkunft für die kommende Nacht und auch für die darauffolgenden zwei Nächte zu finden, die wir eigentlich in den Florida Keys, genauer in Key Largo und in Key West, verbringen wollten.

Bei Kaffee, Bagels und Zigaretten in der warmen Sonne auf dem Parkplatz des McDonalds sitzend halten wir Kriegsrat ab. Schließlich halten wir es für das Beste, unser bereits für die beiden letzten Nächte dieses Urlaubs gebuchtes Hotel in Miami anzurufen und dort nachzufragen, ob wir schon ab der kommenden Nacht dort einziehen können. Der Portier des Ocean Surf Hotels, 7436 Ocean Terrace, Miami Beach, meldet sich nach nur wenigen Sekunden. Wir müssen ihm unser Problem gar nicht lang schildern. Noch während wir sprechen, prüft er, ob er uns helfen kann.

Und er kann! Freundlich informiert er uns, dass zwei Zimmer für die kommenden Nächte verfügbar seien und wir gerne noch heute anreisen und dann bis zu unserem Rückflug bleiben könnten.

Wir bedanken uns ganz herzlich bei unserem „Retter" und erhalten von ihm noch einen Bestätigungscode für die jetzt erweiterte Buchung, bevor wir das Gespräch beenden. Über die Modalitäten für Zahlung, etc., die die veränderten Umstände nach sich ziehen, wollen wir uns jetzt noch keine Gedanken machen, das werden wir später alles mit dem Reiseveranstalter klären.

Nun lacht nicht nur die Sonne wieder über Florida, auch wir können wieder lachen und Pläne für die restliche Zeit unseres Urlaubs machen.

Ein viertägiger Aufenthalt in Miami ist zwar nicht der Reiseabschluss, den wir ursprünglich anvisiert und gewünscht hatten, aber zumindest müssen wir die kommenden Nächte nicht, wie schon insgeheim befürchtet, im Auto oder im Freien am Strand verbringen.

Inzwischen ist es später Vormittag. Die Entfernung zwischen Naples und Miami ist nicht allzu groß, sie beträgt lediglich 119 Meilen (ca. 192 km). Da im Burgerladen zudem ein Fernseher läuft, wissen wir jetzt auch, dass zwar nach Süden der größte Teil der Everglades gesperrt, der Tamiani Trail jedoch frei befahrbar ist.

Diese Straße führt am nördlichen Rand der Everglades entlang und verbindet die Orte an der Westküste Floridas mit Miami und der Ostküste. Dieser Weg ist definitiv die schönere und sehenswertere Alternative zur I-75, der so genannten Alligator Alley, die weiter nördlich verläuft und die gleiche Funktion erfüllt.

Bei dem Tamiami Trail (Tampa-Miami-Trail) handelt es sich um ein Stück des US Highway 41, der auf seiner gesamten Länge von 3219 Kilometern von Miami in Florida bis Copper Harbour in Michigan durch insgesamt acht Bundesstaaten und bekannte Städte wie z.B. Nashville, Atlanta und Chicago verläuft.

In bedeutend besserer Stimmung als noch wenige Stunden zuvor verlassen wir Naples auf eben diesem Tamiami Trail. Die Räumtrupps haben inzwischen ganze Arbeit geleistet, nur ab und zu liegen noch kleinere Hindernisse am Straßenrand, so dass wir zügig vorankommen.

Kurz vor dem Abzweig nach Everglades City weist ein Werbeschild auf Captain Mitchs Everglades Private Airboat Tours hin. Eigentlich wollten wir eine solche Tour von Everglades City aus starten, aber wir wollen nicht riskieren, dort anzukommen und feststellen zu müssen, dass dort heute wegen der Auswirkungen des Hurrikans vielleicht keine Touren möglich sind.

Da sich andererseits alle Airboat-Touren ähneln und auch die Preise nur wenig differieren, beschließen wir, Captain Mitch anzusteuern und mit diesem, wenn möglich, eine Tour zu machen.

Wir sind an diesem frühen Nachmittag die einzigen Kunden und Captain Mitch und seine Boote scheinen nur auf uns gewartet zu haben, denn die nette Mitarbeiterin begrüßt uns bereits vor der Tür des Ladens. Auf unsere vorsichtige Nachfrage teilt sie uns freundlich lächelnd mit, dass wir selbstverständlich eine Tour machen können und bietet uns zudem einen Sonderpreis an.

Wir fragen, ob uns denn Captain Mitch persönlich durch die Everglades fahren würde, doch sie verneint und erklärt uns, dass zwar der bereits seit vielen Jahren bestehende Familienbetrieb so heißt, Captain Mitch selbst aber keine Touristen mehr durch die Sümpfe fährt. Wir wären aber bei unserem Bootsführer Pete in besten Händen.

Eine Viertelstunde später lernen wir Pete und sein Airboat kennen. Er begrüßt uns freundlich und fordert uns auf, das kleine Luftkissenboot, das dem Fahrer sowie 6 Passagieren Platz bietet, zu besteigen. Bevor die Fahrt losgeht bekommen wir noch einige Verhaltensregeln von Pete, aber keine Ohrenschützer gegen den Lärm des Bootes.

Auf dem Airboat

Hierbei handelt es sich um ein so genanntes Sumpf-
boot, bauartbedingt ein Flachboot, das mit einem extrem
großen motorbetriebenem Propeller angetrieben wird, um
sich hier in den Sümpfen und dem flachen Wasser durch
Gleiten fortzubewegen. Die Lenkung erfolgt mittels Luft-
rudern, die unmittelbar hinter dem Propeller wirken. Der
Steuermannsitz ist sehr hoch angebracht, damit die Sicht
über den Bewuchs möglich ist.

Kaum hat unser Boot abgelegt, gibt Pete auch schon
richtig Gas. Wir werden von der Beschleunigung fast in
unsere Sitze gedrückt, der Fahrtwind lässt die Augen trä-
nen; der Lärm des Motors ist ohrenbetäubend, eine Unterhaltung ist kaum noch möglich. Aber es macht unglaubli-
chen Spaß! Wir gleiten auf der Wasseroberfläche dahin,
manchmal wirkt es, als würde das Boot das Wasser überhaupt nicht berühren.

Zwischendurch fahren wir langsamer oder halten ganz
an und Pete gibt uns Erläuterungen zu Flora und Fauna hier
in den Everglades.

So erfahren wir von ihm, aber auch aus unserem Reiseführer, zum heutigen Zeitpunkt auch ergänzt durch Informationen aus Wikipedia, dass sich die Everglades vom
Lake Okeechobee im Norden bis an die äußerste Südspitze
der Florida-Halbinsel erstrecken. Sie werden auch Gras-
fluss genannt.

Dieser Fluss ist auf den ersten Blick nicht als solcher
zu erkennen, da er nur selten als offene Wasserfläche erscheint. Vielmehr ist diese bis zu 60 km breite Wasserader
oft nur einige Zentimeter tief, so dass fast die gesamte Fläche von Gras bewachsen ist, trotzdem fließt er mit 1 Meter
pro Stunde. Nur in den etwas erhöhten Gebieten wachsen
gelegentlich Bäume, beispielsweise Sumpfzypressen,
Gumbo-Limbo-Bäume, Königspalmen sowie Mahagoni-
bäume. Die Everglades sollte man jedoch nicht nur als

Sumpfgebiet sehen, vielmehr ist es eine Prärie, welche den überwiegenden Teil des Jahres überschwemmt und nur im Winter trocken ist.

Rund die Hälfte der ursprünglichen Fläche der Everglades wird heute landwirtschaftlich genutzt, die andere Hälfte steht zum größten Teil unter dem Schutz des Nationalparks und angrenzender Naturschutzgebiete.

Das Wasser der Everglades wird zum Teil zur Trinkwassergewinnung für die angrenzenden Städte, beispielsweise für Miami, verwendet. Dadurch wird den Everglades die lebensnotwendige Grundlage entzogen.

Der Park beherbergt die einzigen wildlebenden Flamingos in den USA. Daneben gibt es neben unzähligen anderen Vogelarten auch Ibisse, Pelikane, Kormorane und Störche. Hier leben Waschbären, Schwarzbären, Schlangen, Alligatoren, Spitzkrokodile, meine geliebten Manatees, zahlreiche Spinnenarten, Pumas, einige Schildkröten und weitere Tierarten.

Die Everglades sind die einzige Region auf der Erde, in der sowohl Alligatoren als auch Krokodile leben. Die Alligatoren sind im gesamten Gebiet verbreitet, doch meiden sie das Salzwasser. Sie meiden die Menschen normalerweise, es sei denn, sie fühlen sich eingeengt oder bedroht. Das Füttern der Alligatoren ist verboten und wird mit hohen Geldstrafen belangt.

Die Krokodile leben, im Gegensatz zu den Alligatoren, in Küstennähe und im Salzwasser. Die größeren Tiere sind auch viel aggressiver als die Alligatoren und daher auch unbedingt zu meiden. Der Bestand der Urzeittiere ist verschwindend gering und sie gelten daher in den gesamten USA als gefährdet. Auch der bekannte Florida-Puma ist vom Aussterben bedroht und kaum in den Everglades zu sehen, der Bestand liegt bei 80 bis 100 Tieren. Der größte Teil des Wappentiers von Florida lebt im Big Cypress National Preserve.

Insgesamt soll es in den Everglades 350 verschiedene Vogel-, 300 Süß- und Salzwasserfisch-, 40 Säugetier- und 50 Reptilienarten geben.

In die Everglades wurden verschiedene ortsfremde Tierspezies eingeschleppt, die sich dort ausgebreitet haben und zum Teil eine Gefahr für das Ökosystem darstellen.

Biologen sehen das Ökosystem des Everglades-Nationalpark durch den in den 1980er-Jahren aus Asien eingeschleppten Tigerpython bedroht.
Vor allem seit dem Jahr 2000 steigt die Population stark an und wird derzeit auf über 10.000 Tiere geschätzt.
Über 90 % der Waschbären, Opossums oder Rotluchse sind bereits verschwunden, was auf den Tigerpython zurückgeführt wird.

Die Folgen des Verschwindens kleinerer Raubtiere sind schwer vorherzusehen, können aber sehr weitreichend sein. So könnten sich Schildkröten stark vermehren, wenn ihre Eier nicht mehr durch Waschbären bedroht sind.

Allerdings sind durch den Python auch größere Raubtiere, wie Alligatoren und der einheimische Florida-Panther, bedroht. Parkschützer und Biologen versuchen, den Tigerpython im Park auszurotten, sind dahingehend aber nicht allzu optimistisch.

Pete erweist sich als wirklich erfahrener Touristenführer. Er fährt mit uns durch wahre Mangrovenalleen, kleine Kanäle, die tunnelartig von Mangroven überwachsen sind.

Fahrt durch die Mangroven

Dann steuert er das Boot auf eine offene Gras- und Wasserfläche und verlangsamt die Fahrt, bis er das Boot schließlich zum Anhalten bringt.

Er hält kurz Ausschau und weist dann mit der Hand auf einen nicht allzu weit entfernten Punkt. Wir folgen ihm mit unseren Blicken und sehen, was er uns hier zeigen will: Nur ein paar Meter von uns entfernt schlummert ein ziemlich großer Alligator im Wasser.

Pete grinst und behauptet, dass es sich dabei um einen Freund von ihm handele und dieser Alligator völlig ungefährlich sei. Um seine Behauptung zu untermauern, steuert er das Boot noch näher heran - dann springt er heraus und geht bis auf wenige Zentimeter zu dem Tier hinüber.

Fasziniert beobachten wir das, wobei wir uns gleichzeitig insgeheim fragen, was wir denn machen sollen, falls der Alligator doch nicht so gut Freund mit Pete sein und ihn angreifen und schnappen sollte. Dieser Fall tritt zum Glück jedoch nicht ein.

Doch Pete setzt noch eins drauf und fordert uns auf, ebenfalls aus dem Boot zu steigen. Fast schon glauben wir, dass der Alligator nur eine Attrappe sei, doch dann bewegt er sich, wenn auch träge.

Vier von uns lehnen Petes Einladung dankend ab, doch wir haben ein mutiges Mitglied in unserer Truppe. Obwohl wir ihn daran zu hindern versuchen, steigt Erik tatsächlich aus dem Boot und geht ebenfalls bis auf wenige Schritte an den Alligator heran. Chapeau!

Ganz schön mutig…!

Natürlich müssen wir diesen Mutbeweis für die Nachwelt auf Foto bannen.

Als der Alligator ob dieses Trubels immer rühriger wird, zieht Erik es aber vor, schnell wieder ins Boot zurückzukommen.

Die Fahrt geht dann noch eine Weile weiter durch die Sümpfe, doch weitere Tiere bekommen wir nicht mehr zu sehen. Viel zu schnell vergeht die Zeit und schließlich legen wir wieder am Ausgangspunkt unserer Tour an.

Wir bedanken uns herzlich bei Pete, nicht nur mit vielen Worten, sondern auch mit einem wohlverdienten guten Trinkgeld.

Anschließend verweilen wir noch auf eine Erfrischung und eine Zigarette auf den Holzbänken neben dem Laden, dann setzen wir unsere Fahrt nach Miami fort.

Bald schon legen wir die nächste Rast ein, denn wir kommen nach Ochopee und rechts am Straßenrand gibt es einen kleinen Parkplatz und auf diesem steht das kleinste Postamt der USA.

Die kleine Hütte, die lediglich einem Postmitarbeiter und diversen Utensilien Platz bietet, dient seit 1953 als Postamt, nachdem das eigentliche Postamt von Ochopee abgebrannt war. Es ist eine echte Sehenswürdigkeit und für Philatelisten bietet es natürlich einen speziellen Poststempel an.

Leider bekommen wir diesen Stempel heute nicht, denn das Postamt ist geschlossen, so nutzen die Raucher den Halt zumindest für eine Zigarettenpause.

Die weitere Fahrt zum Ocean Surf Hotel in Miami setzen wir ohne Unterbrechung fort und am späten Nachmittag erreichen wir die Außenbezirke der bekannten Großstadt an der Ostküste Floridas.

Etwas wehmütig erblicken wir irgendwann den Abzweig rechts auf die I-95 nach Key Largo, doch die Weiterfahrt in die Florida Keys bleibt uns nun mal verwehrt.

Stattdessen fahren wir links auf die I-95 durch Miami, biegen schließlich rechts ab auf die I-195, auf der wir die Biscayne Bay überqueren und nach dieser interessanten Fahrt über das Wasser in Miami Beach, einer der der Stadt vorgelagerten Inseln, ankommen.

Obwohl wir vermuten, dass die Straße sicherlich stark befahren sein wird, wählen wir für die Anfahrt zu unserem ziemlich weit im Norden gelegenen Hotel die Collins Avenue.

Dies ist quasi die Flanierstraße von Miami Beach, die sich fast über die gesamte Insel von Nord nach Süd erstreckt und an der unzählige Hotels, Restaurants und auch Geschäfte liegen - etwa so wie der Strip in Las Vegas.

Tatsächlich dauert es fast eine Stunde, bis wir schließlich von der Collins Avenue rechts in die 74th Street und gleich darauf links in die Ocean Terrace einbiegen und erfreulicherweise direkt gegenüber des Hotels auch einen Parkplatz finden.

Auf der Collins Avenue

Hier folgt dann das übliche Ritual unserer Reise: Zwei von uns gehen ins Hotel, um das Einchecken zu erledigen, der Rest, üblicherweise die Raucher, bleibt draußen und genießt die warme Sonne.

Das Einchecken erweist sich trotz der ungewöhnlichen Umstände als vollkommen problemlos. Man hatte uns bereits erwartet und alle Unterlagen für den verlängerten Aufenthalt vorbereitet. Zur Deckung der zusätzlichen Kosten hinterlegen wir die Daten einer Kreditkarte, alles Weitere werden wir später mit dem zuständigen Reiseveranstalter klären.

Nachdem wir unsere beiden Zimmer, die überraschend geräumig und hell sowie mit allen notwendigen Dingen ausgestattet sind, bezogen haben, machen wir uns zunächst frisch, bevor es dann auf „Futtersuche" geht.

Das „Ocean Surf Hotel" in Miami - davor unser Van

Schon während der Anfahrt durch Miami und auch jetzt wieder fällt uns auf, dass hier keinerlei Spuren des Hurrikans zu sehen sind.

Auch das Hotelpersonal an der Rezeption hatte uns bestätigt, dass die Stadt lediglich von kleinen Ausläufern gestreift worden war; das Meer sei etwas aufgewühlter als sonst gewesen und es hätte eine Zeitlang recht heftig geregnet, doch das sei es auch schon gewesen.

Alles in allem also ein wichtiger Grund für das Personal unserer Reiseagentur, den Weg in die Evakuierung anzutreten…

Da wir beschlossen haben, uns darüber vorerst nicht mehr zu ärgern, sondern die restlichen Urlaubstage zu genießen, verdrängen wir diese Gedanken ganz schnell und konzentrieren uns zunächst auf unser leckeres Abendessen, bestehend aus Hamburgern und Pommes.

Danach geht's zurück zum Hotel, wo wir den Wagen abstellen und uns zu Fuß auf den Weg machen, um die nähere Umgebung und auch schon einmal kurz den Strand zu erkunden.

Nach einer guten Stunde sind wir wieder am Hotel und stellen erfreut fest, dass auf der Veranda vor dem Eingang ein Tisch frei ist, den wir natürlich umgehend zu unserem Eigentum erklären.

Wieder einmal sind wir uns einig, dass es doch fast nichts Schöneres gibt als irgendwo zu sitzen, etwas zu trinken, zu rauchen und Leute zu gucken….

Der nächste Tag beginnt mit Aufstehen und dem letzten Versuch, das hiesige Büro unseres Reiseveranstalters zu erreichen. Diesmal gelingt uns dies sogar, das Büro ist wieder besetzt. Ausführlich schildern wir die Geschehnisse und Fakten und sparen auch nicht mit Kritik daran, dass im akuten Notfall niemand zu erreichen war.

Der Mitarbeiter bedauert das alles, ebenso wie die Tatsache, dass die Florida Keys noch immer gesperrt seien, mit vielen blumigen Worten. Er sagt uns aber auch zu, entsprechende Informationen und Belege an das deutsche Büro weiterzuleiten, damit die Kostenfrage anschließend korrekt geklärt werden könne. Allerdings müssten wir die verlängerte Aufenthaltszeit in Miami zunächst selbst an das Hotel zahlen, die Kosten würden dann nach unserer Rückkehr verrechnet, aber das hatten wir bereits vermutet. Abschließend lassen wir uns noch seinen Namen geben, den wir mit Datum und genauer Uhrzeit des Gesprächs zu unseren inzwischen schon umfangreicher werdenden Unterlagen nehmen.

Nach dem Telefonat, aber noch vor dem Frühstück, geht es an den Strand. Dazu müssen wir praktischerweise lediglich die Straße überqueren. Das Wasser des Atlantiks rollt noch immer in relativ starken Wellen auf den Sand. Für Badewillige signalisieren die aufgezogenen gelben Flaggen, dass Vorsicht geboten ist.

Doch wir haben nicht die Absicht, jetzt im Meer zu schwimmen. Uns steht der Sinn nach Muschelsuche, im Sprachgebrauch aller Fans von „Urmel aus dem Eis" auch „Mupfeln" genannt.

Auf Grund des starken Wellengangs ist die Suche auch tatsächlich sehr erfolgreich. Natürlich achten wir genau darauf, keine geschützten Fundstücke mitzunehmen, dennoch tragen wir nach mehr als einer Stunde eine erkleckliche Ausbeute zurück zum Hotel - und auch einige Prachtexemplare sind dabei.

Zunächst werden alle Muscheln in den Zimmern zum Trocknen ausgelegt, bevor wir sie dann am letzten Tag für den Transport nach Hause sicher verpacken.

Beim stärkenden ausgiebigen Frühstück schmieden wir Pläne für den Tag, dessen Verlauf ja ursprünglich ganz anders gedacht war. Im Ergebnis teilen wir uns auf, die weibliche Hälfte unserer Gruppe entscheidet sich für eine ausgedehnte Shopping-Tour, die männliche Hälfte beschließt, einen entspannten Tag am Strand bzw. im Hotel zu verbringen.

Am Ende des Tages zeigen sich beide Gruppen höchst zufrieden mit dem Ergebnis ihres Tuns. Die Koffer der Damen werden mal wieder etwas voller, Körper, Geist und Seele der Herren sind entspannt.

Auch die folgenden zwei Tage verbringen wir in ähnlicher Art und Weise. Durch die quasi aufgezwungene Entschleunigung stellen wir fest, dass auch ein Strandurlaub mit sehr viel Nichtstun durchaus seine positiven Seiten hat.

Wir liegen faul in der Sonne am Strand oder machen lange Spaziergänge durch den Sand. Auch unserem Hobby des „Leuteguckens" frönen wir ausgiebig. Wir genießen das Faulenzen, selbst unsere beliebten Einkaufsbummel reduzieren wir auf ein Minimum, schließlich sind wir inzwischen bereits mit reichlich Gepäck „gesegnet".

So neigt sich unser Urlaub 2004 im Land der unbegrenzten Möglichkeiten dem Ende zu, doch diesmal wurden uns Grenzen aufgezeigt.

Ich hätte hier gern noch von dem Teil unserer Reise in die Florida Keys berichtet, dieser Kette aus über 200 Koralleninseln mit einer Gesamtlänge von über 290 Kilometern.

Allein schon die Fahrt über den Overseas Highway mit seinen 42 Brücken, darunter die sieben Kilometer lange „Seven Mile Bridge", wäre sicher ein Erlebnis gewesen.

Sicherlich hätten wir auch den Besuch im Ernest Hemingway House in Key West genossen.

Der berühmte Autor hat hier zwischen 1931 und 1939 gelebt. Das Haus ist heute ein Museum, die beliebteste Attraktion darin sind jedoch die zahlreichen Katzen, die darin gut betreut leben. Dabei handelt es sich um Nachfahren von Katzen, die Hemingway noch selbst gehalten hat.

Dies alles zu sehen ist uns verwehrt geblieben.

Dennoch war es erneut ein schöner, erlebnisreicher, eindrucksvoller und sogar spannender Urlaub, der damit zu Ende geht, dass wir am letzten Tag, dem 18. August 2004, unser gut gepacktes (und nicht übergewichtiges!) Gepäck und uns selbst ein letztes Mal in unserem treuen, zuverlässigen Wagen verstauen und zum Flughafen von Miami fahren, um von hier aus den Rückflug nach Deutschland anzutreten.

Die Rückgabe des Mietwagens am Flughafen gestaltet sich völlig problemlos, genauso wie das Einchecken.

Schließlich ist es so weit! Erfüllt von unzähligen Eindrücken und Erinnerungen sitzen wir im Flieger nach Frankfurt, wo wir nach einem ruhigen knapp neunstündigen Direktflug am Morgen des 19. August 2004 landen.

Auch hier gestalten sich alle Prozeduren vollkommen unproblematisch und genauso verläuft auch die Rückfahrt, wiederum mit einem Mietwagen, nach Dortmund.

Seinen endgültigen positiven Abschluss findet unser Urlaub dann, als wir schließlich nach relativ kurzer Zeit auch alles, vor allem in finanzieller Hinsicht, mit dem Reiseveranstalter für uns zufriedenstellend geregelt haben.

Und natürlich hält uns nichts davon ab, schon jetzt die Pläne für den nächsten USA-Urlaub zu schmieden.

Von diesem werde ich dann in meinem nächsten Buch berichten...

Im Überblick gebe ich hier noch einmal die einzelnen Orte bzw. Stationen unserer Reise sowie einige der von uns besuchten Sehenswürdigkeiten an.

Atlanta
Macon - Ocmulgee
Savannah
Charleston - Fort Sumter
Hendersonville
Ashville
Great Smoky Mountains
Chattanooga
Lynchburg - Jack Daniel's
Nashville - Country Music Hall of Fame
Memphis - Graceland
Natchez
Acadian Village Lafayette - Oak Alley Plantation
New Orleans - French Quarter
Mobile
Montgomery
Atlanta
Tallahassee
Chrystal River - Homassassa Springs
Tampa - Busch Gardens
Naples
Everglades - Airboat Tour
Miami